KB096422

**심리학이
이렇게
쓸모 있을
줄이야**

하버드대 심리학과 출신 만능 엔터테이너
류쉬안의 GETTING BETTER 심리학

심리학이
이렇게
쓸모 있을
줄이야

류쉬안 지음
원녕경 옮김

다연
DAYEONBOOK

Prologue

여덟 살 때 나는 부모님을 따라 미국으로 이민을 갔다. 당시 나는 영어라고는 단 한마디도 하지 못했고, 학교에서도 따로 ESL^{English as a Second Language}, 즉 영어가 모국어가 아닌 학생들을 위해 개설한 프로그램을 제공하지 않았다. 첫 등교를 앞두고 아버지는 누가 질문을 했는데 못 알아듣겠거든 써먹으라며 급한 대로 'I don't know'라는 영어를 가르쳐주었다. 학교에 간 나는 반 친구들을 모두 마주한 자리에서 이름이 뭐냐는 선생님의 질문에 "I don't know"라고 대답했다. 그날 이후 학교에서 나의 이름은 'I don't know'가 되어버렸다.

미국 생활 초반에는 정말이지 하루가 1년 같았다. 부모님이 모두 출근했기에 방과 후 집에 돌아오면 나처럼 영어를 할 줄 모르는 할머니와 내 컴퓨터가 나를 맞아주었다.

그 컴퓨터로 말하자면 내가 집 근처 오락실을 매일 들락거리며 한참을 모은 경품권을 교환해 받은 상품이었다. 중간에 과자나 장난감으로 교환하고 싶은 걸 꾹 참아가며 끝내 컴퓨터를 손에 넣었지만 컴퓨터라고 해봤자 메모리가 고작 40K(40M이 아니라 40K다! 지금은 대충 이메일 한 통을 써도 40K가 넘는데 말이다), 저장 기능이 없어(저장 기능을 추가할 돈이 없었다) 전원을 끄면 그냥 리셋되어버리는 1세대 컴퓨터였다. 게임도 없었다. 그저 랜덤 부록으로 받은 'BASIC 프그래밍 언어'라는 안내서가 있었을 뿐이다.

그러나 컴퓨터는 외롭고 낯선 타향에서의 유년 시절을 함께해준 좋은 친구였다. 나는 코딩을 놀이로 삼아 매일 이런저런 기능을 연구했고, 덕분에 'If… Then…' 같은 기본적인 프로그래밍 언어는 내가 가장 자주 사용하는 영어 단어가 되었다. 매일 컴퓨터를 종료하기 전, 하나의 의식처럼 짜놓은 코드를 베껴 적었고 다음 날 다시 컴퓨터에 입력하길 반복했다. 지금 생각해보면 당시의 그 뚝심이 정말 대단했지 싶다. 어쨌든 외로웠던 이 여덟 살 소년은 메모리가 40K밖에 되지 않는 그 컴퓨터를 가지고 훗날 'AI형 아날로그 대화 프로그램'을 짜 뉴욕시가 주최한 과학경진대회에서 3등상을 받았다.

그 후로 많은 시간이 흘렀지만 나는 여전히 컴퓨터 신기술에 관심이 많다. 그리고 지금까지도 내가 가장 하기 싫은 말이자, 가장 듣기 싫은 말은 바로 'I don't know'다.

돌이켜보면 나의 유년 시절은 일종의 훈련 기간이었다. 외로움을 직시하고 나에게 집중하는 능력을 갈고닦는 훈련……. 게다가 코딩은 냉정함을 기르는 데 확실히 큰 도움을 주었다. 처음 프로그램을 실행하면 예상치 못한 오류나 버그로 다운되는 일이 비일비재했는데, 이때 화를 내거나 괴로워한다고 해서 문제가 해결되지는 않음을 깨달았기 때문이다. 오류가 나면 그저 오류코드를 토대로 침착하게 문제가 되는 부분을 찾고 이를 수정해 다시 실행하면 될 일이었다.

그래서 나는 어른이 된 후에도 어떤 문제가 발생하면 이를 버그로 여긴다. 그리고 나 자신에게 말한다.

"인생을 사는 건 코딩 작업을 하는 것과 같은 거야. 처음에는 분명 온갖 오류코드가 제동을 걸겠지. 하지만 인내심을 갖고 버그를 해결해나간다면 문제 될 일은 없어."

훗날 나는 전 세계 각지의 천재, 기재, 귀재 들이 모인다는 하버드 대학교에 입학했다. 미국의 건국 역사보다 더 오랜 역사를 지닌 이 학교에서 나는 전통 사상과 선진 사상이 부딪혀 새로운 가능성을 만들어내는 모습을 매일 목격했다. 그곳은 그야말로 끝없는 지식의 낙원이었다.

내가 '낙원'이라고 표현한 데에는 나름의 이유가 있다. 바로 자타공인 학교생활을 제일 잘한다는 학생들이 학교를 지식의 '전당'이 아닌 '낙원'으로 여겼기 때문이다. 예컨대 내가 정말 좋아했던 친구 조가 그랬다. 그는 그야말로 전천후였다. 학교 대표 육상팀에 몸을 담았고, 댄스파티 단골 디제이였고, 봉사 단체에서 자원봉사를 했고, 학생회와 동아리를 이끌었다. 성적이 과 톱도 아니고 모든 과목에 뛰어난 만능형 천재도 아니었지만 그는 학교의 진정한 명물이었다.

요컨대 조처럼 학교의 간판스타로 불리는 학생들에게는 두 가지 특징이 있었다. 바로 시간을 효율적으로 활용한다는 것, 그리고 좀처럼 불평을 늘어놓지 않는다는 것이다. 많은 학생이 꽉 찬 일과표에 쫓기고, 열심히 공부해서 생긴 다크서클을 일종의 훈장쯤으로 여기는 것과 달리 조 같은 학생들은 마치 분신술이라도 쓰듯 꽉 찬 일정을 여유롭게 소화했다. 한번은 조에게 물은 적이 있다.

"어떻게 하루에 그 많은 일을 다 해? 그러려면 아침에 완전 일찍 일어나야겠다!"

조는 이렇게 말했다.

"친구야, 사실 진짜 어려운 건 일찍 일어나는 게 아니라 일찍 자는 거야! 남들이 밤에 파티 갈 준비를 할 때, 나는 스스로에게 '안 돼! 일찍 잘 거야'라고 말해. '일찍 자야 해'가 아니라 '일찍 잘 거야'라고! 누가 이래라저래라 해야 뭘 할 수 있는 나이도 아니고 어떤 일을 하기로 마음먹었다면 자기 자신을 설득할 줄도 알아야 하니까. 그래서 '~해야 해'라고 강제성을 부여하기보다 '~할 거야'라고 의지를 다지는 거지."

정말이지 정신이 번쩍 드는 말 아닌가! 그가 말한 경지에 아직 완벽하게 도달하지는 못했지만 나는 항상 이 말을 기억하려 노력한다.

눈 깜짝할 사이에 세월이 흘러 대학을 졸업한 지도 벌써 20여 년이 지났다. 그 사이 나는 타이완으로 돌아왔고 두 아이의 아빠가 되었다.

사람들은 흔히 아이가 곧 최고의 스승이라고 말하는데 나는 이 말에 100퍼센트 동의한다. 아이가 우리에게 무엇을 가르쳐서가 아니라 아이를 돌보는 과정에서 자기 자신을 돌아보고 반성하게 되기 때문이다. 실제로 나는 일과 가정을 고루 돌보기 위해 더 효율적인 생활방식을 찾으려 노력했고, 여러 돌발 상황에 좀 더 유연하게 대처하기 위해 감성지능을 높이는 훈련에 매진하고 있다.

더불어 항상 내가 아이들에게 무엇을 가르쳐줄 수 있을까를 자문한다. 과학 기술? 생활방식? 아니면 책 속의 지식? 앞으로 세상은 점점 더 빠르게 변할 것이고, 정보의 밀도 또한 갈수록 높아질 것이며, 인공지능의 발전으로 각종 비즈니스 모델이 180도 변화할 것이다. 이는 우리 아이들이 물려받게 될 세상이자, 우리가 살아생전에 직면하게 될 과제이기도 하다.

그러나 많은 것이 변해도 사람들은 여전히 더불어 살아갈 것이다. 각자의 욕망과 감정에 충실하며, 때론 이성과 감성 사이에서 고민도 하고, 실수도 저지르며, 평생 꿈과 삶의 의미를 찾아 헤매면서 말이다.

인체는 불완전한 기계다. 모든 기계가 한계를 지니고 있고 또 최적화된 사용 방법이 따로 있는 것처럼 우리의 몸도 마찬가지다. 그렇기에 우리는 어떻게 우리의 몸과 마음을 보살펴야 할지 고민해볼 필요가 있다.

사실 이 책도 이런 고민에서 시작되었다. 그러다 문득 '심리학과 다른 분야의 지식을 결합해보면 어떨까? 그럼 좀 더 효율적인 삶을 살 수 있지 않을까?'라는 생각이 들었다. 환경의 변화를 정확하게 예측하지는 못해도 자신의 적응 능력을 키워 우리 모두가 좀 더 안정적이고 효율적인 삶을 살 수 있었으면 하는 바람이 이 책을 집필한 동기가 된 셈이다.

나의 목표는 분명하다. 바로 심리학 연구를 통해 증명된 이론들을 실생활에 적용 가능한 생활 방침으로 전환해 더 많은 사람에게 이를 알리는 것이다.

여덟 살의 나는 인내와 문제를 해결하는 법을 배웠고, 열여덟 살의 조는 내게 '주도권은 언제나 자신의 손에 쥐어져 있다'는 사실을 일깨워주었으며, 서른여덟 살의 나는 아이로부터 '변화를 두려워하지 말아야 한다'는 사실을 배웠다. 그리고 모든 연구를 마친 후 나의 믿음은 더욱 확고해졌다. 나는 믿어 의심치 않는다. 여든여덟 살이 되어도 사람은 충분히 바뀔 수 있다는 걸, 게다가 그 변화의 폭은 우리가 상상하는 이상이 되리라는 걸 말이다.

당신이 몇 살이든 부디 이 책에 담긴 내용들이 당신의 삶을 더 좋은 방향으로 바꿔나가는 데 도움 되길 바란다.

류쉬안

Prologue · · · · 4

Chapter 1
무언중에 모든 것이 담겨 있다

Chapter 2
PEACE는 단순히 평화만을 뜻하지 않는다

contents

Chapter 3
사람의 마음을 움직이는 이야기 집짓기

Chapter 4
사랑이 찾아오게 만드는 법

Chapter 5
21세기의 로맨스

Chapter 6
사람은 누구나 게으름을 피운다

contents

Chapter 7
문제는 의지력이 아니다

Chapter 8
생각으로 뇌를 바꿔라

Epilogue

contents

Chapter 1

무언중에
모든 것이 담겨 있다

심리학을 통해 배운 사람 읽는 기술

2009년, 주요 서점을 강타하며 베스트셀러에 등극한 책이 있다. 어쩌면 당신도 이미 읽었을 책, 바로 조 내버로와 마빈 칼린스의 《FBI 행동의 심리학: 말보다 정직한 7가지 몸의 단서》다. 전직 FBI 요원이 밝힌 특별한 기술을 배워 자신도 인간 거짓말 탐지기로 거듭날 수 있지 않을까 하는 기대감 때문인지 당시 이 책에 대한 반응은 그야말로 대단했다. 그러나 다양한 행동과 비언어적 표현에 숨은 뜻을 분석한 후 정작 서사가 한 말은 이랬다.

1990년대부터 반복적으로 실시된 연구 결과에 따르면 판사, 변호사, 임상의학자, 경찰관, FBI 요원, 정치가, 교사, 어머니, 아버지, 배우자 등 대다수의 사람이 거짓말을 간파해내는 데 결국 운과 확률에 기댈 수밖에 없었던 것으로 나타났다. 즉, 전문가라 할지라도 누군가의 속임수를 정확하게 간파하기란 동전 던지기를 하는 확률과 별반 다를 게 없다는 뜻이다.

어쩌면 이 대목을 읽고 낚였다고 생각한 이가 많았을지도 모르겠다.

하지만 나는 오히려 이런 식으로 직업윤리를 드러낸 저자가 참 멋지다고 생각했다. 이는 누군가를 사기꾼으로 마구 규정하는 행동이 상대에게 평생 지우지 못할 죄를 짓는 일이 될 수 있다는 경고이자, 표면적인 기술만으로 사람을 경솔히 판단해서는 안 된다는 이 책의 핵심 메시지이기 때문이다.

비슷한 맥락으로 사람들은 흔히 심리학자라고 하면 미국 드라마 〈라이 투 미Lie to Me, 미세표정&행동 전문가 칼 라이트만 박사가 사건의 숨은 진실을 탐색해나가는 수사물〉 속 주인공의 모습을 떠올린다. 설마 싶겠지만 실은 아직까지도 나를 관심법觀心法의 달인쯤으로 생각하며 이렇게 말하는 사람들이 있다.

"와, 심리학 전공이라니 대단하세요. 그럼 사람 마음도 훤히 꿰뚫어 보시겠네요?"

이럴 때 농담이 통할 것 같은 상대라면 나는 목소리를 깔고 드라마틱하게 대답한다.

"그럼요. 하지만 직업윤리상 절대 다른 사람의 비밀을 발설하지는 않는답니다. 그러니…… 안심하세요!"

물론 이런 농담이 항상 먹히는 건 아니다. 내 연기력이 부족해서인지 아니면 너무 리얼해서인지는 모르겠지만 내 말을 진담으로 받아들여 그 후로 나를 조심스럽게 대하는 사람이 적지 않으니 말이다.

심리학에서는 이러한 현상을 '투명성 착각Illusion of Transparency'이라고 한다. 누군가가 자신의 모든 일을 지켜보고 있을 거라고 생각하는 심리로, 거짓말을 하면 들킬까 봐 불안해지는 것도 바로 이 투명성 착각 때문이다. 그리고 그 덕을 보는 대표 직업이 바로 FBI 요원과 정신과 의사다. 그들이 사람의 마음을 훤히 꿰뚫어 볼 거라는 보편적 착각 때문에 어느새 자신의 속마음까지 털어놓게 되기 때문이다.

그렇다. 심리학을 공부했다고 해서 사람의 마음을 꿰뚫어 볼 수 있는 것은 아니다. 그러나 나는 이 학문을 통해 기본적인 이론 지식을 쌓았고, 선입견이나 고정관념에서 벗어나 좀 더 자유롭게 소통할 수 있는 방법을 배웠다. 이로써 남보다 거짓말을 더 잘 간파하게 되었다고는 할 수 없지만 분위기 속에 숨겨진 디테일을 빠르게 포착해 내고, 그에 따른 여러 가능성을 예측해 유연하게 소통을 이어갈 수 있다고 자부한다.

무엇보다도 심리학 이론을 활용하면서 얻은 가장 큰 수확은 감정이입 능력과 감성지수EQ를 높여 타인의 마음을 더 잘 이해하게 되었다는 점이다. 사회생활을 하다 보면 누구나 가면을 쓰고, 또 보호색을 발동해 겉과 속이 다른 모습을 보일 때가 있다. 그러나 진정한 소통은 타인의 속을 파헤치는 것이 아니라 함께 볼룸댄스를 추듯 스텝을 맞춰가는 것이라고 생각한다.

그래서 챕터 1에서는 상대를 리드하기 위해 필요한 기본 지식에 대해 이야기해보려 한다.

당신은 예민한 사람인가, 둔감한 사람인가?

사람들은 일상에서 사용하는 언어에 자신의 '대인민감성Inter-personal Sensitivity'을 드러낸다. 그러므로 일상 속에서 드러나는 디테일, 즉 사소한 행동이나 어조 또는 사용하는 단어 등을 관찰하면 그 사람의 민감성을 알아낼 수 있다. 선천적으로 대인민감성이 낮은 사람은 자기중심적인 성향을 보이며 심지어 '트롤링Trolling, 사람의 관심을 받기 위해, 자신의 쾌감을 위해, 남의 기분을 망치기 위해 하는 악의적 행동'을 하기도 한다. 한편 대인민감성이 높은 사람은 사소한 것 하나하나에 신경 쓰는 경향이 있어 우울해지기 쉽다. 결국 대인민감성은 너무 낮아도 또 너무 높아도 좋지 않다.

그래도 다행인 건 대인민감성이 높든 낮든 모두 훈련을 통해 '눈치'를 키워 대인민감성을 적정 수준으로 만들 수 있다는 사실이다. 여기서 우리가 지향해야 할 적정 수준의 대인민감성이란 상대의 몸짓언어, 얼굴 표정, 말투, 사용 단어 등으로 나타나지 않은 무언가를 읽어내는 동시에 지나친 추측이나 잡다한 정보에 스트레스를 받지 않을 정도를 말한다.

　다만 본격적으로 훈련 방법과 기술을 알아보기에 앞서 반드시 명심해야 할 두 가지가 있다. 첫째, 마음을 열어 진심으로 타인을 이해하려는 마음가짐과 자신이 틀릴 수 있음을 인정하고 잘못된 것이 있으면 바로잡으려는 자세다. 둘째, 타인의 마음을 읽으려 할 때에는 반드시 '가정'이라는 전제하에 접근해야 한다. 타인의 마음을 읽는 일이란 기껏해야 추측일 뿐 100퍼센트 사실은 아니기 때문이다. 따라서 함부로 무엇을 단정하기보다는 완곡하게 접근하는 편이 좋다. 새로운 사람을 만났을 때에도 마찬가지다. 상대의 말이 모두 사실이라고 가정할지언정 섣부른 추측으로 상대를 제대로 관찰하고 또 소통할 기회를 날려버려서는 안 된다. 상대가 거짓말을 하고 있는 게 아닌지 알고 싶더라도 일단 상대의 말이 모두 사실이라고 가정한 뒤 그것이 과연 합리적인가를 자문하는 것! 이것이 바로 소통 심리학의 가장 기본적 원칙인 밀러의 법칙Miller's Law*이다.

---

* 프린스턴대학교 심리학과 교수 조지 밀러가 제시한 소통의 원칙: 한 사람의 말을 이해하려면 그의 말이 사실이라고 가정한 뒤 팩트(Fact)를 체크해야 한다. 상대의 말을 무조건적으로 받아들이라는 의미가 아니라 자신의 주관적 견해를 배제한 채 상대의 사고방식을 이해하려고 해야 한다는 뜻이다.

보유심생(步由心生), 걸음걸이는 마음에서 비롯된다

사실, 우리는 뛰어난 관찰 능력을 타고났다. 그리고 이 능력은 우리가 상대를 자유롭게 '엿볼 수 있을 때' 특히 빛을 발한다. 즉, 당장 소통해야 한다는 압박감이 없을 때 상대를 좀 더 면밀하게 관찰할 수 있다는 얘기다. 인간의 관찰 능력이 얼마나 뛰어난지는 한 연구 결과를 통해서도 입증되었다. 해당 연구 결과에 따르면 타인의 첫인상을 결정짓는 데 필요한 시간은 단 6초였다. 말로 표현하는 것보다 훨씬 빠른 속도로 여러 감각 기관의 정보를 종합한다는 것이다. 바꿔 말하면 어떤 인물 또는 사물에 발동되는 '말로 설명할 수 없는' 촉에도 나름의 근거가 있는 셈이다.

보스턴에서 생활할 때 나는 친구들과 야외 커피숍에 앉아 오가는 사람들을 구경하길 좋아했다. 관찰력과 상상력이 풍부한 친구들과 행인들의 성격이나 생각, 행선지 등을 추측하고 있노라면 시간 가는 줄 몰랐다. 거기에는 친구 녀석들의 걸쭉한 입담도 한몫 톡톡히 했지 싶다.

"저 녀석은 완전 쫙 빼입었네! 저런 옷차림이면 십중팔구 첫 데이트가 있는 날일 거야. 그런데 날티가 너무 나서 오늘 데이트는 실패겠는데?"

"저기 절뚝거리며 걷는 여자 좀 봐. 새 하이힐을 신고 나왔다가 발뒤꿈치 까졌나 보다. 면접을 보러 가는 길 같은데, 저렇게 사회 경험 없는 티가 나서야 원!"

"맙소사! 저 할머니는 누굴 놀라게 하려고 화장을 저리 독하게 하셨대?"

물론 행인들은 우리가 자신들에 대해 이러쿵저러쿵 이야기를 하고 있을 거라고는 꿈에도 생각지 못했을 것이다. 알았다면 바로 달려와 주먹을 날렸을 것인데 다행히 그런 일은 일어나지 않았다. 여하튼 허튼소리가 절반인 '행인 관찰하기'라도 짧은 시간에 각종 가설을 세워 공감대까지 형성할 수 있었으니 정말 신기하지 않은가?

이는 사람들에게 정보로 활용할 만한 여러 신호가 있었기에 가능한 일이었는데, 그중에서도 우리가 가장 먼저 주목한 신호는 바로 옷차림이다. 옷차림은 대개 한 사람의 사회적 지위나 직업 등을 암시해 우리가 그 사람에 대한 인상을 형성하는 데 매우 비합리적인 영향을 미치고, 나아가 우리의 행동에까지 잠재적 영향을 준다. 실제로 한 실험 결과에 따르면 양복을 빼입은 사람이 빨간불에 길을 건넜을 때 다른 행인들도 그를 따라 신호를 위반할 확률이 평소보다 3배 이상 높게 나타났다고 한다. 이뿐만 아니라 의사가 환자와 이야기를 나눌 때 청진기를 목에 걸고 있으면 청진기를 사용하지 않더라도 환자가 의사의 말을 더 잘 기억하는 것으로 나타났다는 실험 결과도 옷차림의 영향력이 얼마나 큰지를 여실히 보여준다.

그런 의미에서 "현재의 자신이 아닌, 당신이 되고 싶은 자신에 걸맞게 옷을 입어라"라는 말에는 확실히 일리가 있다. 옷차림이 나를 대하는 타인의 태도에 영향을 미친다는데, 자신이 대접받고 싶은 대로 옷을 입어야 하지 않겠는가!

다음으로 우리가 주목한 신호는 걸음걸이다. 걸음걸이는 몸의 표정이라고 할 수 있을 만큼 상당히 풍성한 신호를 내포한다. 즐거울 땐 걸음이 경쾌해지고, 긴장했을 때 자신도 모르게 다리를 떨게 되는 것처럼 말이다. 우리의 두 다리가 보내는 신호의 장점은 선조들이 이 땅에 뿌리를 내린 순간부터 줄곧 걷고 뛰는 원시적 기능을 담당한 만큼 그 반응 또한 매우 원시적이라는 데 있다.

생각해보라. 어려서부터 표정관리법을 배우는 데 비해 하반신의 움직임을 꾸미려 하는 사람은 거의 없지 않은가! 물론 꾸미려 해도 어려운 일이지만 말이다. 그래서 나는 이제 막 사회에 발을 들인 청년들에게 자신감을 키우고 싶다면 가장 먼저 구부정한 어깨를 펴고 활기차게 걷는 연습부터 하라고 조언한다. 너무 빠르지도 또 느리지도 않게 적당한 속도로 걷는 연습을 하다 보면 다른 사람에게 좋은 인상을 심어줄 수 있고, 좋은 인상은 결국 자신감을 높이는 데 작은 발판이 되어주기 때문이다. 여기서의 키포인트는 빠르지도 느리지도 않은 걸음걸이다. 왜냐? 지나치게 빨리 걸으면 그 자체로도 조급해 보일뿐더러 사회적 지위가 낮으리라는 인상을 심어주기 십상이고, 지나치게 늦게 걸으면 근심이나 스트레스가 많은 사람으로 보일 수 있기 때문이다. 국가 지도자나 기업 총수들의 걸음걸이를 살펴보고, 내가 즐거웠을 때와 고민이 많았을 때의 걸음걸이가 어땠는지를 생각해보면 훨씬 쉽게 이해될 것이다. 근심이 있을 때는 마치 중력이 나에게만 작용하기라도 하듯 발걸음이 천근만근이었지만, 즐거울 때는 마치 춤을 추듯 발걸음이 경쾌해졌던 기억이 있을 테니 말이다.

마지막으로 우리가 주목한 신호는 '행동의 자연스러움'인데, 이 신호에는 원거리 관찰이 가능하고 꾸며내기 어렵다는 특징이 있다. 미국 경찰 측의 연구 결과, 강도나 폭력 범죄자 대부분이 직감적으로 어딘가 행동이 부자연스러워 보이는 사람을 골라 범죄 대상으로 삼았다고 한다. 이는 '행동의 자연스러움'이 얼마나 중요한 신호인지를 단적으로 보여주는 좋은 예다. 그러니 해외여행을 할 때에는 민첩하고 활기찬 모습을 유지하기 위해서라도 되도록 편안한 신발과 간편한 옷차림을 착용할 것을 추천한다. 그래야 나쁜 사람들의 표적이 될 확률을 낮출 수 있다.

소통에서 가장 중요한 것은
입 밖으로 내지 않은 말에 귀를 기울이는 일이다.
_피터 드러커

소통 온도계에 주의를 기울여라

과학자들은 사람의 표정을 자기 자신이 아닌 남에게 보여주기 위한 것이라고 정의한다. 사람이 혼자 있을 때에는 별다른 표정을 짓지 않지만 누군가와 교류하기 시작하면 곧바로 다양한 표정을 드러낸다면서 말이다.

그렇다. 사람은 누구나 타인과 상호 교류를 할 때면 그것이 그저 눈빛을 주고받는 일에 지나지 않는다 하더라도 그 과정에서 일련의 비언어적 신호를 만들어낸다. 그리고 이러한 비언어적 신호는 상대와의 소통이 시작되었을 때 더욱 분명하게 이미지화된다.

어느 날 길을 가다가 정장을 입은 아름다운 여성을 봤는데 자세히 보니 당신의 대학 동기였다고 상상해보자. 그런데 때마침 그녀도 당신을 보고 반가운 기색을 드러내는 것이 아닌가!

이처럼 아주 오랜만에 우연히 대학 동기와 마주치는 상황이 닥치면 사람들은 대개 어떻게 인사를 건네야 할지 고민에 빠진다. 그러고는 빠르게 머리를 굴려 과거에 그녀와 맺었던 친분의 정도와 그녀에 대한 개인적 호감도 등을 계산한다. 주변에 다른 사람이 있는지, 그녀가 현재 어떤 몸짓을 보이고 있는지도 물론 고려 대상에 포함된다. 놀라운 사실은 이 모든 계산을 마치고 다가가 적절한 제스처를 보이기까지 단 몇 초밖에 걸리지 않는다는 점이다.

누가 이런 우리에게 사람의 마음을 읽을 줄 모른다고 말하는가? 우리는 모두 타고난 '행동 계산기'인데 말이다!

그렇다면 상호 교류의 당사자가 아닌 제삼자의 입장에서는 어떨까? 이 경우에도 두 사람의 우정의 깊이를 가늠하기란 결코 어려운 일이 아니다. 두 친구가 서로를 발견하고 보이는 반응, 즉 포옹하기 위해 다가갈 때 팔을 벌린 넓이를 보면 두 사람의 친밀도가 어느 정도인지를 추측할 수 있기 때문이다. 일반적으로 상대에 대한 감정이 좋을수록 양팔을 더 넓게 벌리고 또 더 세게 포옹하는 경향이 있다. 그러나 그다지 친한 사이가 아닐 경우에는 팔을 벌리는 폭이 좁아지고 포옹의 강도도 약해진다. 물론 별로 친하지 않으면서 친한 척하는 경우에도 이를 알아차릴 수 있다. 두 사람이 구부정한 자세로 포옹을 나누는, 상상만으로도 어색한 장면이 포착될 테니 말이다.

이처럼 우리는 우리가 생각하는 것보다 훨씬 더 잘 상대를 관찰하고 그에 맞는 반응을 보일 줄 안다. 다년간의 사회 경험으로 이미 많은 관계의 규칙들을 자연스럽게 내재화했기 때문이다. 따라서 조금만 더 디테일에 주의를 기울인다면 객관적으로 상황을 인지하고, 더 나아가 사람의 마음을 헤아릴 수 있다.

예컨대 나는 다른 사람과 소통할 때 상대의 몸과 머리의 경사도를 주의 깊게 살핀다. 상대가 나한테 호감을 지니고 있는 경우 나를 향해 몸을 기울이게 된다는 사실을 알고 있기 때문이다. 실제로 서로에게 호감을 갖고 있는 두 사람은 이야기를 나눌 때 서로를 향해 몸을 기울여 대칭적인 구조를 형성한다. 다시 말해서 대화 당사자의 몸의 기울기가 비대칭을 이루고 있다면 일방적인 소통을 하고 있을 가능성이 높다는 의미다. 그래서 나는 회의를 하거나 모임에 참가할 때 상대의 몸짓언어를 유심히 살피는 편이다. 상대가 팔짱을 낀 채 몸을 뒤로 기댔다면 에어컨 바람이 너무 세기 때문인지, 아니면 방금 내가 한 말이 상대의 심기를 건드렸기 때문인지를 생각하는 식이다. 개인적인 경험으로 미루어보면 몸의 기울기 변화가 표정의 변화보다도 더 정확한 메시지를 반영하고 있었다.

요컨대 내가 상대방 몸의 기울기에까지 신경을 쓰는 이유는 상대에게 잘 보여 연줄을 만들기 위해서가 아니라 이를 '소통의 온도계'로 삼아 원활한 소통을 이어가기 위해서다. 약간만 주의를 기울이면 소통 중에 발생한 문제를 알아차려 이를 이성적으로 분석하고, 즉각 오해를 해소할 여지가 생기는데 어찌 주의를 기울이지 않을 수 있겠는가! 게다가 '몸의 기울기 변화를 관찰하는 일'은 결코 어렵지 않다. 그저 조금만 더 주의를 기울이면 될 뿐이다.

나는 '영어'와 '보디랭귀지'에 능통하다.
_메이 웨스트

훈련을 통해 자아 인식을 높여라

기본적인 행동 관찰법을 이해했다면 자기 자신을 점검하는 훈련에 돌입할 차례다.

어떻게 하면 자신의 감정에 휘둘리지 않고 상대와 원활한 소통을 할 수 있을까? 또 어떻게 해야 선입견 없이 객관적으로 타인 또는 타인의 의견을 받아들일 수 있을까?

여기에는 '자아 인식Self-awareness'이 필요하다.

자아 인식이란 자신의 직감을 점검하고, 감정 반응을 되돌아보게 하며, 때로는 자신의 주관적 의견에 스스로 반박을 가하게도 만드는 일종의 반성 능력이다. 이는 우리가 이성적으로 적합한 소통방식을 찾을 수 있도록 도움을 주며, 한때의 감정에 편견을 결론으로 둔갑시켜 다른 사람의 생각과 태도를 오해하는 일이 없도록 막아주는 역할을 하기도 한다.

언뜻 듣기에는 복잡하게 느껴질지도 모르지만, 사실 우리는 매일 이러한 능력을 활용하고 있다.

이해를 돕기 위해 눈을 감고 방금 전 동기를 만났다고 가정했던 그 교차로로 다시 돌아가보자. 현재 당신은 제삼자의 입장에서 횡단보도 신호가 바뀔 기다리고 있는 자신을 바라보고 있다. 자, 제삼자의 입장에서 바라본 당신은 지금 어떤 표정을 짓고 있고, 또 어떤 자세로 서 있는가? 옷차림은 어떠한가? 이때 당신이 머릿속에 그린 자신을 소위 '자아 인식'이라고 하는데, 이렇게 제삼자의 입장에서 자신을 관찰하는 능력은 가히 인간의 가장 훌륭한 능력이라 할 수 있다.

각설하고 이제 다시 상상으로 돌아와 길 건너편에서 걸어오고 있는 대학 동기를 발견한 시점으로 가보자. 당신은 그녀에게 반가이 손을 흔들었지만 그녀는 당신을 본체만체하는 것도 모자라 인상을 찌푸리고 있다. 그녀의 시선은 분명 당신 쪽을 향한 것 같은데 말이다. 이때 당신은 어떤 기분이겠는가? 상대에게 반가움을 표현했는데 냉담한 반응이 돌아왔으니 분명 실망감이 들 것이다. 이처럼 우리가 실망감을 느끼는 순간, 우리의 대뇌에서는 이러한 상황에 처한 원인을 찾기 위한 작업이 시작된다.

'길에 사람이 너무 많아서 나를 못 본 걸 거야.'

'뭔가 다른 일을 생각하고 있는 걸지도 몰라.'

'시력이 안 좋은데 때마침 안경을 안 쓰고 나온 게 아닐까?'

'분명 이쪽을 보고 이맛살을 찌푸린 것 같은데…… 설마 나와 마주치고 싶지 않은 걸까?'

방금 전 상상 속 공간에서 벌어진 모든 일을 열심히 생각하다 보면 마치 그 장면을 보고 또 느낀 듯한 감정 반응이 생겨나는데, 우리의 대뇌는 이러한 감정 반응을 토대로 단서를 찾아 상대의 의중을 추측하고 더 나아가 우리의 감정 반응이 올바른지를 검증하는 과정에 돌입한다.

이렇게 '의심'을 하는 능력은 생존을 위한 능력이기도 하다. 만약 우리 조상들에게 이러한 능력이 없어 주변의 적을 구분해낼 수 없었다면 인간의 명맥은 오늘날까지 이어지지 않았을지도 모른다. 즉, 우리의 '소심함' 역시 조상으로부터 전해 내려온 본능 중 하나인 셈이다.

문제는 각자의 성격과 생활환경에 따라 사람들이 품게 되는 '의심' 또한 달라진다는 점이다. 예컨대 당신이 다소 부정적인 사람이라면 '나를 봐놓고도 못 본 체하는 게 분명해. 인상까지 찌푸린 걸 보면 나를 보고 싶지 않은 걸 거야. 내가 그렇게 비호감인가?'라는 의심을 품을 가능성이 있다. 이 경우 스스로 마음의 응어리를 만들어 '뭐, 괜찮아. 나도 무시하면 그만이니까!'라는 주관적 결론에 도달해 냉정하게 그녀를 외면할 확률이 높다. 어쩌면 다음 모임에서 그녀를 만나더라도 일부러 냉대할지도 모를 일이다. 그러나 솔직히 말해서 당신은 당신의 결론이 100퍼센트 옳다고 확신할 수 있는가?

만약 당신이 긍정적인 자아 인식을 지닌 사람이라면 얘기는 달라진다. '방금 날 못 봤나 보네. 내가 불러봐야겠다!'라고 생각해 큰 소리로 상대의 이름을 부를 확률이 높기 때문이다. 물론 이에 따른 상대의 반응도 달라질 것이다. 어리둥절한 표정으로 당신 쪽을 바라봤

다가 이내 당신을 알아보고 환한 미소를 지을 테니 말이다.

그 후의 일은 안 봐도 비디오다. 신호등에 파란불이 들어오면 당신은 오랜만에 만난 친구에게 달려가 인사를 건넬 테고, 그럼 그녀는 반가움에 당신을 꼭 안아줄 것이다. 어쩌면 그녀는 이런 말을 할지도 모른다.

"안 그래도 방금 누가 나한테 손을 흔드는 것 같았는데 햇빛 때문에 제대로 못 봤거든. 근데 그게 너였구나! 네가 내 이름을 불렀으니 다행이지 아니면 모르고 지나칠 뻔했다, 얘."

어떤가, 그녀의 찌푸린 얼굴에 대한 오해도 완전히 풀리지 않겠는가?

불필요한 오해를 피해 소통에 능한 사람으로 거듭나려면 자아 인식 능력을 높이는 훈련은 필수다.

심리학에서는 이를 맥락적 사고Contextual Thinking라고 하는데, 이 훈련을 계속 하다 보면 상대의 배경이나 현재 시간, 장소, 주변 인물 등 환경적 요소를 두루 고려해 좀 더 원활한 소통을 할 수 있다.

타인과 교류할 때의 나를 관찰해야 비로소 나 자신을 알 수 있다.

_ 리샤오룽

사람의 마음을 읽는 맥락적 사고의 4단계

상대의 말과 행동을 살펴 의중을 읽는 맥락적 사고를 하나의 표준 운영 절차SOP, Standard Operating Procedure로 귀납하면 크게 관찰, 분류, 분석, 탐색의 4단계로 나눌 수 있다.

①관찰

한 사람의 행동거지를 관찰해 상대가 우리에게 어떤 느낌을 주는 지에 주의를 기울이는 단계다. 우리는 때로 한 사람에게 큰 호감 또는 혐오감을 느끼면서 그 이유를 잘 설명하지 못하는 경우가 있는데, 진정으로 한 사람을 이해하려면 상대를 관찰하는 법을 배우기 전에 나부터 알아야 할 필요가 있다.

예컨대 나는 어느 특정 이미지나 옷차림, 종족, 피부색처럼 겉으로 드러난 개인적 특징에 대해 선입견을 갖지는 않았는지 자문한다. 자아 인식이 부족하면 자신도 모르는 사이에 고정관념으로 사람을 대하게 되고 획득한 정보 역시 왜곡하기 십상이기 때문이다.

따라서 이 단계에서는 '초심자'의 마음으로 모든 상호작용에 임해 열린 마음을 유지하면서 현재의 상태에 집중해야 한다. 복잡하게 들릴지는 모르지만 자주 연습하다 보면 디테일을 관찰하는 능력과 반사적 판단을 제어하는 능력을 쉽게 기를 수 있다.

② 분류

　일정 시간을 교류한 후에는 상대의 행동 특성을 분별해 '습관성 행동'을 알아내고 이를 통해 그의 평소 모습을 가정해보는 단계에 돌입한다. 다시 말해서 상대의 습관성 행동을 지표로 그 사람이 평소와 다른 행동을 보이는지를 분별해낼 수 있게 된다는 뜻이다.

　예를 들어 상대에게 아랫입술을 깨무는 습관이 있다고 가정해보자. 상대는 성격이 급한 사람일 수도, 또 어쩌면 조금 초조한 상태일 수도 있지만 이는 중요한 사실이 아니다. 그러나 대화를 나누는 과정에서 상대가 갑자기 입술을 깨무는 행동을 멈췄다면 얘기는 달라진다. 이는 분명한 이상 신호이기 때문이다. 이럴 때에는 방금 무슨 일이 있었는지, 무슨 말을 했는지를 되돌아봐야 한다. 여기서 주의

해야 할 한 가지는 입술을 깨물기를 멈췄다고 해서 상대가 초조하지 않다는 뜻은 아니라는 것이다. 어쩌면 상대는 더 초조하거나 화가 났거나 아니면 긴장이 풀어졌을지도 모를 일이다. 한 가지 확실한 점은 상대의 마음이 바뀌면서 습관성 행동에 영향을 주었다는 사실이다. 이 단서를 잡았다면 이제 상대의 마음이 바뀐 원인을 찾을 차례다.

개인적으로 나는 회의할 때 이 방법을 자주 사용한다. 예컨대 클라이언트에게 브랜드 분석 보고를 하고 클라이언트의 보디랭귀지를 주의 깊게 살핀다. 나의 분석이 만족스러우면 클라이언트는 대개 고개를 끄덕인다. 그러나 내가 어떤 포인트를 언급했을 때 클라이언트가 고개를 끄덕이지 않는다면 그들이 나의 말에 공감하지 않거나 그에 대해 생각해본 적이 없어 놀랐을 가능성이 있다. 이럴 때 나는 즉각적인 반응을 보이기보다는 다른 이야기를 계속하다 잠시 후에 다시 그 포인트를 언급해 에둘러 상대의 의중을 떠본다. 그러면 보통 해당 문제에 대해 논의할 수 있는 두 번째 기회가 생기고 클라이언트도 좀 더 직접적으로 자신의 생각을 풀어낸다.

③ 분석

평소 다리를 떨지 않는 사람이 갑자기 다리를 떨기 시작한다면 그는 긴장한 걸까? 흥분한 걸까? 아니면 지루한 걸까? 회의 시간이 길어져서, 또는 방금 사장님이 들어와서 스트레스를 받은 걸까? 분석

을 할 때에는 여러 환경적 요소를 고려해 다양한 가능성을 도출해야
한다.

분석하려면 단순히 상상에만 기댈 것이 아니라 자신이 이미 수집
한 사실을 기반으로 그 배후의 원인을 찾아봐야 한다. 이때 주의할
점은 과거의 경험을 보조 수단으로 삼되, 이를 맹신하지 않아야 한다
는 것이다. 사람의 보디랭귀지와 반응은 저마다 다른 법이니 말이다.

인터넷을 찾아보면 행동에 담긴 의미에 관한 다양한 정보를 쉽게
얻을 수 있다. 예를 들어 사람이 거짓말을 하거나 긴장을 했을 때에
는 호흡이 바뀌고, 말을 반복하며, 입을 가리거나 끊임없이 다리를
떨고, 말이 많아지며, 눈을 깜빡이는 걸 잊어버리거나 끊임없이 눈
을 깜빡인다. 그러나 사람의 행동이나 말에서 상대 의중을 파악할
줄 아는 사람은 절대 상대의 한 가지 행동만으로 판단을 내리지 않

는다. 이는 《FBI 행동의 심리학: 말보다 정직한 7가지 몸의 단서》의 저자 역시 강조한 점이기도 하다.

④ 탐색

분석을 통해 상대에 대한 가설을 세웠다면 이제는 기술적인 탐색으로 어느 가설이 맞는지를 살펴볼 차례다. 예컨대 누군가가 다리를 떨거나 목덜미를 만지며 초조한 기색을 내비친다면 그에게 직접 "혹시 바쁘신가요?"라고 물어볼 수 있다. 물론 상대가 예의상 솔직하게 답하지 않을 수도 있지만 말이다.

한편 회의 중 상대가 짜증이 난 것처럼 느껴진다면 "회의는 금방 끝낼 겁니다. 제가 또 다른 회의가 있어서요"라고 말할 수 있다. 만약 상대가 이 말을 듣고 더 이상 다리를 떨거나 목덜미를 만지지 않는다면 그가 시간에 쫓기는 중이라고 확신할 수 있다.

그러나 상대가 "아니요. 괜찮습니다!"라고 대답하며 "방금 제안하신 사안은 예산 안에서 집행이 가능한가요?"라고 묻는다면 이것이 바로 그가 걱정하던 문제일 수 있다. 상대가 일부러 자신의 의중을 숨기거나 속이려는 게 아니라면, 당신이 선의를 담아 던진 '떠보기' 질문이 적중하지 않았을 때 상대는 보통 좀 더 정확한 암시를 주고 심지어 솔직한 답변을 내놓기 때문이다.

때로는 상대에게 자신의 이야기를 공유하는 것이 최고의 탐색 방법이 되기도 한다. 그러고 보니 과거 보스턴에서 살던 때의 일이 생각난다.

대학원에 다닐 때 뉴욕에서 친구가 나를 보러 온 적이 있었다. 당시 나는 기꺼이 친구의 가이드를 자처하며 친구를 보스턴의 유명한 해산물 레스토랑으로 안내한 후 그 집에서 꼭 먹어봐야 할 요리로 로브스터를 강력 추천했다. 친구는 내 추천을 받아들여 로브스터를 주문했다.

그러나 로브스터 요리가 나오자 친구는 왠지 모르게 불편한 기색이었다. 평소라면 신나게 이야기꽃을 피웠을 그가 어색하게 곁들이만 깨지락거리는 것이었다. 순간 나는 생각했다.

'실은 로브스터를 별로 좋아하지 않는데 호의를 거절하기 뭐해서 내가 추천한 메뉴를 주문한 게 아닐까? 혹시 손에 묻히고 먹는 걸 싫

어하나?'

그러나 나는 친구에게 직접 물어보는 대신 내가 처음 로브스터 요리를 접했을 때의 이야기를 꺼냈다.

"아이고, 옛날 생각나네. 그땐 정말 얼마나 난처했는지! 처음 로브스터를 먹었을 때 아주 난리도 아니었거든. 뭘 어떻게 해야 하는지 알아야 말이지. 중간에 있는 로브스터 내장을 먹느라 그 맛있는 집게발은 건드리지도 않고, 포크로 꼬리 살 바르려다가 튕겨나가서 살점을 바닥에 떨어뜨렸다니까!"

그러자 친구는 하하 웃으며 말했다.

"솔직히 말하면 나도 로브스터는 이번이 처음이야!"

알고 보니 친구는 정말 나의 적극적인 추천을 무시할 수 없어 로브스터를 주문했지만 먹는 방법을 몰라 행여 망신을 당할까 봐 조심하고 있었다. 다행히 내가 먼저 지난 경험담을 털어놓아 친구는 내가 자신을 비웃지 않으리라는 확신을 얻었고, 결국 로브스터를 먹는 것이 처음이라고 솔직히 털어놓았다. 그 후 나는 친구에게 로브스터 먹는 법을 알려주었고, 함께 맛있게 음식을 즐기며 원래의 익숙한 분위기로 돌아갈 수 있었다.

탐색할 때 꼭 질문을 던질 필요는 없다. 때로는 자발적으로 꺼내놓은 자신의 이야기가 오히려 상대의 심리적 방어기제를 해제해 진실을 털어놓게 하는 좋은 방법이 되기 때문이다.

말과 행동을 살펴 상대의 의중을 헤아리는 일, 일명 통찰력은 훈련이 필요한 기술이다. 어떤 이는 상대를 관찰해 무엇이 문제인지를 분류해낼 줄 알지만 이를 분석할 줄 모르고, 또 어떤 이는 분석은 할 줄 알지만 기술적으로 탐색하는 방법을 모르는 경우가 있다. 이는 통찰력이 하루 이틀 새에 만들어지지 않음을 보여준다. 통찰력을 지니려면 끊임없이 훈련하고 관찰하며 생각하는 과정이 필요한데 이를 공식화하면 다음과 같다.

$$통찰력 = \frac{관찰+분류+분석+탐색}{자아 인식+이성적 사고}$$

우리는 흔히 눈치가 빠르고 영리해 보이는 사람을 '여우'에, 조금 둔하지만 우직해 보이는 사람을 '곰'에 빗댄다. 그러나 개인적으로 나는 우리가 우리의 권익을 지키며 분수에 맞는 삶을 살아가기 위해서는 '곰 같은 여우'가 될 필요가 있다고 생각한다. 특히 사회에 발을 들인 후에는 더더욱! 그리고 이를 위해서는 직관적인 관찰력과 이성적인 사고를 결합한 통찰력 키우기 훈련이 필수라고 본다.

실제로 이성적인 사고로 상대의 말과 행동을 살펴 의중을 헤아릴 줄 알면 저마다의 다름을 인정하고 받아들이는 데 큰 도움이 된다. 상대를 완벽하게 이해하지는 못하더라도 '자아 인식'을 바탕으로 '이성'적으로 상대를 대하려는 마음 자체가 상대를 지지하고 인정할 수 있는 힘이 되기 때문인데, 이는 서로를 지지하고 존중하기 위한 핵심 요소이기도 하다. 자신의 언행이 상대에게 어떤 영향을 미칠 수 있는지에 주의를 기울이면 좀 더 나은 소통가가 될 수 있다. 또한 감성과 이성을 겸비한 사고, 섬세한 관찰력과 기술적 응대를 통해 사람의 마음을 더 잘 헤아릴 수 있으며, 서로 간의 심리적 거리를 좁히고, 상대에게 더욱 따뜻하고 시원시원하다는 인상을 심어줄 수 있다.

그러므로 말과 행동을 살펴 상대의 의중을 헤아리는 일은 단순한 처세법이 아니라 선의를 내포한 예의다.

그리고 보니 최근 한 결혼식에 참석했다가 들은 이야기가 생각난다. 한 청년이 대학 동기들과 함께 교외로 나들이를 갔다가 예쁜 아가씨와 친구가 되어 동행했다고 한다. 그런데 돌아오는 길에 그녀가 계속 팔짱을 끼고 앉아 있더라는 것이다. 청년은 행여 자신이 한 말에 그녀가 불편함을 느낀 것이 아닐까 생각하고 있던 찰나 바람이 느껴졌다고 했다. 이에 어쩌면 그녀가 추워서 그런 것일지도 모르겠다고 생각한 청년은 말없이 자신의 외투를 벗어 그녀에게 걸쳐주었다고 했다.

그랬다. 이는 바로 그 결혼식의 주인공인 신랑과 신부의 이야기였고 신부는 환하게 웃으며 이렇게 말했다.

"바로 그때 신랑의 자상함에 반했죠!"

이처럼 시의적절한 관심과 배려 그리고 역지사지의 마음은 사람의 마음을 얻는 데 가장 큰 플러스 요인이다. 그러니 편안함과 섬세함, 그리고 배려를 지닌 사람이 되려면 상대의 말과 행동을 살펴 의중을 헤아릴 줄 아는 기술을 연마하라. 바로 그 기술이 당신의 가치를 배가시켜줄 것이다.

객관적으로 사람을 읽는 심리학적 기술

아무리 경험이 풍부한 전문가라도 단편적인 행동이나 표정만으로 그 사람이 거짓말을 하고 있는지를 정확히 판단하기란 매우 어려운 일이다. 그러나 상대를 관찰해 추론하는 일은 누구나 가능하다. 이때 중요한 점은 객관성을 유지하는 것, 그리고 상호 교류를 통해 상대의 몸짓 신호에 숨겨진 심리를 테스트해보는 것이다.

자아 인식

자아 인식으로
고정관념과 선입견을 버리기

먼저 이 두 가지
마음가짐을 가져야 해.

이해심 understanding

여러 각도에서
상대의 마음 헤아리기

말과 행동을 살펴 상대의 의중을 헤아리는 4단계

1 〉 관찰 〈

자신의 직감을 바탕으로
디테일에 주의를 기울인다.

2 〉 분류 〈

베이스라인 세우기
Build a Baseline

상대의 습관적인 행동과
이상 행동을 분류한다.

3 〉 분석 〈

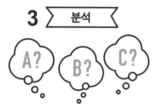

여러 각도에서
다양한 가능성을 생각해본다.

4 〉 탐색 〈

다양한 가능성에 대해
호의적 탐색을 펼친다.

Chapter 2

PEACE는
단순히 평화만을 뜻하지 않는다

심리학을 통해 배운 사회생활의 기술

대학에 입학하고 첫 주에 진행된 신입생 오리엔테이션에서 선배가 이런 말을 했다.

"남학생이든 여학생이든 격식 있는 자리에 입고 나갈 만한 정장을 한 벌씩 준비하도록 해! 자신에게 잘 어울리는 것으로. 그게 너희 자신에 대한 첫 번째 투자가 될 테니까."

처음에는 나도 반신반의했지만 얼마 안 가 선배의 말이 정확했다는 사실을 깨달았다. 미국에서의 대학생활이라고 하면 으레 자유로울 것이라는 이미지가 있는데, 사실 교내 클럽 활동만 해도 복장 규정이 있는 경우가 많기 때문이다. 내 모교의 경우에는 모의 유엔이나 사제 간의 다과 모임 참가 시 해당 활동의 주최자와 다른 손님들을 존중하는 의미로 남학생은 정장에 넥타이를 매도록 하고, 여학생역시 정장 또는 세미정장을 입도록 했다.

여덟 살 때부터 미국에 살았지만 이렇게 나름의 공식적인 모임에 참석한 건 대학교 진학 직후부터였는데, 지금 돌이켜 생각해보면 하버드에서의 대학생활이 내게는 값진 훈련의 시간이었지 싶다. 학교에서 제공한 기회 덕분에 각기 다른 배경과 생각을 지닌 다양한 인종의 친구, 그리고 교수님들과 의미 있는 교류를 할 수 있었기 때문이다.

하버드대학교의 입학 지원 사이트에는 이런 말이 적혀 있다.

'본교는 서로가 서로에게 귀감이 될 수 있는 인재, 교수에게도 가르침을 줄 수 있는 인재를 찾기 위해 노력하고 있습니다.'

교수에게도 가르침을 줄 수 있는 학생이라니! 내가 뭘 잘못 알고 있는 게 아니냐고?

아니다. 게다가 나는 학교 측이 밝힌 가치관에 적극 동조하는 바다. 인간은 누구나 타인과의 교류와 소통을 통해 배우고, 나눔을 통해 서로를 가르칠 수 있다고 굳게 믿기 때문이다. 물론 나이나 지위, 직함, 배움과 경험 정도 등이 사람과 사람 사이의 소통방식에 영향을 미치는 것은 사실이다. 그러나 사장이나 부모, 스승도 얼마든지 직원과 아이, 그리고 제자에게서 배울 수 있다. 배우려는 마음가짐만 있다면 말이다.

그런 의미에서 이번 챕터에서는 나의 개인적인 경험과 인간관계에 대한 심리학적 연구 결과를 바탕으로 내 나름대로 정리해본 사회생활의 기술을 소개해볼까 한다. 동서양을 막론하고 어떤 상황에 누구를 상대하든 그 기본 원칙에는 변함이 없으니 이를 일종의 소통방침으로 삼아도 좋다.

그럼 본격적으로 시작하기에 앞서 신입생 오리엔테이션 당시 선배가 내게 해줬던 조언을 고스란히 당신에게 전하고 싶다.

"아직 격식 있는 자리에 어울리는 옷이 없다면 자기 투자의 일환으로 제대로 된 옷 한 벌을 장만하라!"

농담이 아니라 단정한 정장은 사회 진출 시 꼭 갖춰야 할 일종의 '장비'다. 아마 당신도 머지않아 깨닫게 될 것이다. 옷을 장만하면 이를 입을 기회도 따라오게 마련이라는 사실을 말이다.

PEACE로 긍정적인 평가를 얻어라

전 세계적으로 수천만 부가 판매된 《데일 카네기 인간관계론》이나 최근 인기리에 판매되고 있는 《카리스마, 상대를 따뜻하게 사로잡는 힘》처럼 요즘에는 소통의 기술과 사회생활의 지혜를 담은 책이 꽤 많이 출판되고 있다. 나 역시 대학 시절부터 이런 주제에 관심이 많았던 터라 관련 책들을 참 많이 읽었더랬다. 그 책들 속에 담긴 방대한 내용 중에서 요점만을 뽑아 한마디로 요약하라고 한다면 나는 PEACE라고 말할 것이다.

물론 이 PEACE는 평화가 아니다. 'Positive', 'Engaging,' 'Authentic', 'Connection', 'Empathy' 등 다섯 단어의 머리글자를 딴 약어다.

요점 1: 긍정(Positive)

첫째, 상대에게 '긍정적인' 인상또는호감을 주어야 한다.

사회생활을 하다 보면 자신이 원치 않아도 참석해야만 하는 모임
이 많아지게 마련인데, 이러한 상황이 닥칠 때마다 우리 마음속에서
는 한바탕 전쟁이 벌어진다.

'지루할 게 불 보듯 뻔해…… 아는 사람은 눈 씻고 찾아봐도 없을
텐데 그래도 어떻게든 사람들과 안면은 터야겠지…….'

생각만으로도 어색한 상황을 어떻게 헤쳐 나갈지 걱정이 앞서기
도 한다. 물론 대부분의 사람은 울며 겨자 먹기 식으로 모임에 참석
해 억지 미소를 지으며 사람들과 잘 어울리는 척하는 쪽을 택한다.
그러나 마음가짐을 바꾸면 얼마든지 다른 태도로 지루한 모임을 사
교의 기회로 만들 수 있다.

《Get Lucky! 잘되는 나를 만드는 행운 연습》에서도 언급했지만

'거짓 웃음'과 '진짜 웃음'에는 엄연한 차이가 있다. 거짓 웃음을 지으면 입만 웃지만 진짜 웃음을 지으면 눈이 웃는다. 인간의 눈언저리에 분포한 '눈둘레근'은 의도적으로 움직이기 어려운 만큼 진정성을 담고 있기 때문이다. 물론 그렇다고 모든 사람이 상대의 눈 근육을 관찰해 그의 진정성을 100퍼센트 알아차릴 수 있다고는 할 수 없다. 그러나 눈둘레근을 움직이며 미소를 보이는 이에게 사람은 누구나 호감을 느끼게 마련이다. 그러므로 사람을 상대할 때에는 진짜 같은 시늉이 아닌 진심이 무엇보다 중요하다!

그럼 가기 싫지만 가야만 하는 모임이 있을 때는 어떻게 해야 할까? 이럴 때에는 모임에 참석함으로써 자신이 얻을 이익을 생각해보는 것이 좋다. 모임 성과가 자신의 기대치를 훌쩍 뛰어넘으리라는 생각으로 집을 나서 모임 장소로 향할 동기를 부여하는 것이다. 괜한 거부감 때문에 자신을 근심에 빠뜨리는 대신 이렇게 되뇌어보라.

'내가 거부해야 할 건 모임에 참석할 사람들이 아니라 모임 자체가 가져다주는 불안감이야.'

이를 위해 지난 모임에서 어떤 의외의 수확을 얻었는지, 왜 그 모임이 즐거웠는지를 돌아보는 사고 훈련을 시도해도 좋다.

'처음엔 거부감이 들었지만 막상 그 모임에 참석하고 나니 어떤 사람 혹은 그 자리에 대한 생각이 완전히 바뀌었잖아!'

'당시의 모임이 즐거울 수 있었던 건 그저 우연이 아니었을까?'

'그럼 그 우연을 또 경험할 수 있는 기회가 주어진 거잖아? 오늘 모임에서도 그때처럼 의외의 수확을 얻게 될지 누가 알겠어?'

나는 바로 이런 식의 사고 훈련을 통해 사회불안Social Anxiety, 사회적인 관계 속에서 심리적 불안을 느끼는 것을 극복했고 지금도 자주 이 방법을 활용한다.

만일 모임에 참석한 사람들과 전혀 어울리지 못하는 자신을 발견했다면? '그래, 구경 온 셈치고 다녀가는 데 의의를 두자!'라는 생각으로 먹고 마시며 적당히 분위기에 녹아들면 된다. 이러는 편이 자기방어 모드 뒤에 숨어 어색하게 있는 것보다 나을 테니 말이다.

상대에게 긍정적인 인상을 주기 위해서는 자신의 말본새와 사용 어휘에도 주의를 기울여야 한다. 우리 주위를 둘러보면 됨됨이가 착한 사람들도 날씨나 일에 대해 이런저런 불만을 쏟아내며 불평을 입에 달고 지내는 경우가 많다. 물론 불평을 하는 건 지극히 정상적인 행동이다. 때로는 사람들과 한데 모여 불평을 늘어놓는 일 자체가 일종의 치유 행위가 되기도 한다. 그러나 부정적인 말을 너무 많이 입에 담다 보면 감정의 부정적 순환을 만들어내기 쉬울뿐더러 '투덜이'로 비치기 쉽다. 못 믿겠다면 다음 모임 때 누가 부정적인 표현을 즐겨 사용하고, 또 누가 긍정적인 말을 잘하는 편인지를 살핀 후 그들이 당신에게 어떤 느낌을 주는지를 알아봐도 좋다.

우리는 상대가 누구든지 함부로 욕해서는 안 된다는 사실을 너무나 잘 알고 있다. 이는 우리에게 보편적으로 자각 능력이 있기 때문이다. 소극적이고 부정적인 말을 삼가고, 적극적이고 긍정적인 건강한 이미지를 연상시키는 어휘를 사용하는 데에도 바로 이 자각 능력을 발휘해야 할 필요가 있다.

적극적이고 능동적인 긍정적 표현	소극적이고 수동적인 부정적 표현
좋네요.	나쁘지 않네요. (좋다는 의미이기는 하지만 부정적인 어휘를 사용하고 있다)
다 잘돼가고 있나요?	지금 어떤 상황이죠? (무슨 상황이 있을 거라는 가정하에 던지는 질문이다)
~할래요.	~해야 해요. (통제권이 자신에게 없음을 나타낸다)
인정! 받아들일게.	됐거든!
좋은 생각이네요. 게다가…… (의견을 보충하려는 것으로 인지된다)	나쁘지 않은 생각이네요. 그런데…… (반박의 의도가 있음으로 인지된다)
요즘 일을 너무 열심히 한다니까! (우회적인 불만 표시지만 그래도 화자의 즐거움이 드러나고 있다)	요즘 일이 너무 바빠서 몸이 열 개라도 부족해! (잘 아는 사이라면 괜찮을지 몰라도 모르는 사람이라면 곧 폭주할 것처럼 보일 수 있다)

긍정적으로 말하는 연습을 하다 보면 이것이 상대에게 좀 더 긍정적인 이미지를 심어줄 수 있음을 깨닫게 될 것이다. 언어 상대주의 Linguistic Relativism, 사피어·워프의 가설Sapir-Whorf hypothesis이라고도 함에 따르면 실제로 사용하는 언어가 사용자의 사고방식에 직접적인 영향을 미친다고 한다. 심지어 한 연구 결과에 따르면 부정적인 어휘를 사용할 경우 정서적 처리와 밀접하게 관련되어 있는 편도체를 자극하는 반면, 긍정적인 어휘를 사용할 경우 논리와 이성을 주관하는 전

두엽 피질을 자극하는 것으로 나타났다. 긍정적인 어휘를 사용하면 정신 건강에도 도움이 되는 셈이다!

　그러니 나쁜 일이라 해도 긍정적인 어휘를 사용해 표현해보라. 이상하게 들리겠지만 인간은 부정적인 어휘로 좋은 말을 할 수도 있고, 긍정적인 어휘로 나쁜 말을 할 수도 있다. 긍정적인 일을 부정적인 말로 표현한다면 트집을 잡는 것처럼 들리겠지만, 명백히 부정적인 일도 긍정적으로 들리도록 말할 수 있다면 유머에 조예가 깊은 사람으로 평가받을 수 있다. 예컨대 친구와 함께 식사를 하는데 하필이면 맛없는 음식을 주문했다고 가정했을 때 당신은 이렇게 말할 수 있다.

　"여기 음식 되게 못한다. 너무 맛없어서 토할 것 같아!"

또는 이렇게 말할 수도 있다.

"다이어트하는 사람에겐 여기만큼 좋은 데도 없겠다. 한 입만 먹어도 식욕이 싹 사라지다니!"

어떤가? 같은 불평이라도 후자가 훨씬 유머러스하게 느껴지지 않는가?

입을 떼기 전, 먼저 자신이 사용할 표현을 곱씹어보라.

_ 출처 미상

요점 2: 몰입(Engaging)

둘째, 상대와의 소통에 몰입해야 한다.

이를 위해서는 지극히 기본적이고 안전한 기술 하나면 충분하다. 누구나 쉽게 배울 수 있고, 또 누구나 잘 알고 있지만 막상 활용하지 못하고 잊어버리는 그 소통의 기술! 바로 누군가와 대화를 나눌 때에는 상대의 눈을 바라보며 그와의 상호작용에 집중하는 것이다.

그렇다. 몰입의 방법은 이렇게나 간단하다. 하지만 우리는 이 간단한 방법을 실행에 옮기지 못하는 경우가 많다. 어떤 이는 대화에 집중하지 못하고 정신을 딴 데 팔기 일쑤고, 또 어떤 이는 상대가 무슨 말을 하든지 자기 할 말만 한다. 더 심한 경우에는 대화 도중에 다른 사람과 인사를 나누기까지 한다. 그러나 뛰어난 소통가는 상대가 누구든 자신이 존중받고 있다고 느끼게 하며, 대화가 끊어지는 상황이 닥치더라도 주도적으로 화제를 전환하는 노련함을 보인다. 마음은 콩밭에 가 있으면서 소통하는 척하는 사람은 금세 들통이 날 수밖에 없다. 상호작용의 박자가 어긋날 테니 말이다.

상대가 자신에게 기꺼이 마음을 터놓길 원한다면 존중받는다고 느끼게끔 행동하는 것이 중요하다. 예컨대 상대와 본격적으로 대화를 나누기에 앞서 휴대전화를 무음으로 바꾸고 호주머니나 가방에 넣어둔다면 상대는 당신이 자신을 중요하게 생각하고 있다고 여길 것이다. 또한 상대가 이야기를 할 때 몸을 살짝 앞으로 기울이면 상대는 이를 경청의 제스처로 받아들일 것이다.

소통을 잘하는 사람에게는 몇 가지 특징이 있다. 바로 각종 경험과 논점에 대한 개방적인 태도, 강한 호기심, 그리고 보디랭귀지를 포함한 풍부한 언어 구사력과 표정을 지니고 있다는 점이다. 그들이

대화 과정에서 고도의 집중력을 보일 수 있는 이유는 단순히 인내심이 뛰어나서 혹은 예의가 발라서가 아니라, 바로 이러한 특징들 때문이다.

생각해보라. 당신도 호기심이 강하고, 당신의 말에 귀를 기울여주는 친구에게 더 호감이 가지 않던가? 다른 누구보다 나를 존중해주는 친구와 함께할 때 더 편안함을 느끼지 않던가? 이러한 특징을 지닌 사람과 소통을 하고, 더 나아가 친해지길 원했을 때 당신은 어떻게 행동했는가? 마찬가지로 사람에 대한 호기심을 키우고, 열린 마음으로 상대의 말에 반응을 아끼지 않는다면 당신도 얼마든지 매력 넘치는 대화 상대가 될 수 있다!

관심을 받기 위해 애쓰며 보내는 2년보다
남에게 관심을 가지며 보내는 두 달 동안
훨씬 더 많은 친구를 사귈 수 있다.

_ 데일 카네기

요점 3: 진실성(Authentic)

셋째, 진실해야 한다.

다른 사람이 당신을 '겉과 속이 다른 사람'이라고 판단했다면 이는 당신의 사회생활에 가장 큰 패착이 될 수 있다. 쉽게 생각해서 평소에는 예의 바르던 사람이 유독 종업원에게만 함부로 군다면, 혹은 상사에게는 깍듯하지만 부하에게는 야박하다면 그 사람의 이미지가 좋을 수 있겠는가? 그러므로 우리는 표리부동한 사람이 되지도, 가면을 쓴 사람이 되지도 말아야 한다. 이랬다저랬다 하는 행동의 간극이 클수록 겉과 속이 다른 사람으로 비치기 쉽기 때문이다.

자신의 진실성을 드러내기 위해서는 무엇보다 '3V'가 중요하다. '3V'란 우리가 누군가와 대화를 나눌 때 반드시 주의를 기울여야 하는 요소로 자신이 하는 말Verbal, 말투와 어조Vocal, 표정과 몸짓언어Visual를 뜻한다.

이 3V에는 매우 오묘한 정보가 담겨 있는 만큼 서로 충돌을 일으키지 않고 조화를 이룰 때 그 효과가 극대화된다. 입으로는 "정말 기쁘다!"라고 말하면서 경직된 표정을 짓는다거나 어투에서 흥분이 느껴지지 않는다면 상대방은 기쁘다는 말을 전혀 다르게 받아들일 수 있다.

이는 언어학자 펠리시아 로버츠와 알렉산더 프랜시스가 진행했던 실험을 통해 입증된 바이기도 하다. 그들은 "가는 길에 나 좀 태워줄래?", "그럼, 당연하지!"라는 식의 대화를 녹음해 질문과 대답 사이의 간격을 늘린 테이프와 간격을 줄인 테이프를 사람들에게 들려주고 그 느낌을 조사했다. 그 결과 사람들은 질문과 대답 사이의 간격이 700밀리초를 넘으면 대답하는 사람의 말을 진심이라고 느끼지 못하는 것으로 드러났다.

700밀리초라니, 갑자기 골치가 아파오는가! 복잡하게 생각할 것 없다. 당신이 연기자라면 모를까 밀리초 어쩌고 하는 디테일에 골머리를 앓을 필요는 없으니 말이다. 일부러 어떤 모습을 보여주려 애써 꾸미다 보면 오히려 행동이 어색해지고 역효과가 나게 마련이다. 인사할 때의 각도부터 악수할 때의 강도까지 온갖 몸짓언어와 화술을 익힌 세일즈맨의 화려한 '기술'이 오히려 능글맞게 느껴질 때가 있는 것처럼 말이다.

'너 자신이 돼라Be Yourself!'라는 말은 그저 단순한 구호가 아닌 선의가 담긴 당부다. 사람은 누구나 진실한 사람을 좋아한다. 그러니 지나치게 자신을 포장할 필요도, 가식적으로 예의를 차릴 필요도 없다. 자신의 표정과 말투, 몸짓언어를 있는 그대로 드러내는 것 역시

자연스러운 매력이 될 수 있다.

자신을 표현하는 데 서툰 사람이라면? 그래도 괜찮다. '진실성'을 표현하는 방법과 정도는 사람마다 다르기 때문에 천성이 내성적이고 조심성 많은 사람일지라도 전혀 문제 되지 않는다. 사람은 각자의 스타일이 있으니 말이다. 중요한 건 마음을 편안히 갖고 부담 없이 자유롭게 상대와 소통하는 그 자체다. 진실성은 자신의 모습을 꾸미려 하지 않고 자신의 생각과 마음을 나누며 모든 사람을 동등하게 존중하는 태도에서 드러난다.

진짜 내가 될 때 그 누구와도 비교할 수 없는 내가 될 수 있다.

_출처 미상

요점 4: 연결(Connection)

넷째, 연결고리를 찾아야 한다.

심리학자이자 하버드대학교의 교수였던 스탠리 밀그램은 '6단계 분리 이론Six Degrees of Separation'을 통해 적어도 한 나라에 있는 사람들은 평균적으로 5.5명만 거치면 서로 아는 사이라고 주장했다. 그러나 2016년 페이스북 유저 15억 9천만 명의 데이터를 대조한 결과 불과 3.57명만 거치면 서로 아는 사이인 것으로 드러났다. 그렇다. 당신과 당신이 좋아하는 아이돌 스타도 딱 3.57명만큼의 거리를 지니고 있으며, 이는 다른 누구와도 마찬가지다!

한편 '사회적 거리Social Distance'의 개념에 따르면, 사람과 사람 사이의 관계는 흡사 공간적 위치에 세워지는 것과 같아서 심리적으로 가깝게 느껴지는 사람이 있는 반면 멀게 느껴지는 사람도 있다. 사회적 거리가 가까운 친구에 대해서는 비교적 구체적인 일들을 떠올리지만, 사회적 거리가 먼 친구에 대해서는 대체로 두루뭉술하고 추상적인 개념을 떠올린다. 사람을 만날 때 잘 아는 상대일수록 그와의 사회적 거리감을 좁히기 쉬운 이유는 바로 이 때문이다.

마찬가지로 두 사람이 공통점을 지니고 있을 때에도 그 공통점이 구체적일수록, 또 특별할수록 쌍방의 사회적 거리감을 좁히기 쉽다. 그러므로 사회생활을 할 때에는 되도록 상대와의 연결고리를 만들어야 한다. 나도 알고 상대도 아는 친구라든지 중복되는 배경, 취미 등 확실한 공통의 연결고리가 많을수록 더욱 가깝게 느껴지게 마련이다.

생면부지의 두 사람이 어느 모임에 참석했다가 말투를 듣자마자 같은 고향 출신임을 알아차렸다고 상상해보자. 두 사람은 이를 계기로 이런저런 대화를 나눌 테고, 그 와중에 같은 지역, 심지어 같은 도시에서 자랐다는 공통점을 발견해 바로 호형호제하는 사이가 될지도 모른다. 물론 매번 이렇게 행운이 따라줄 리는 없다. 그러나 교류를 많이 하다 보면 상대와 공유할 특징을 찾을 수 있다. 좋아하는 음악 혹은 영화, 좋아하는 스포츠 선수나 팀 등 연결고리가 될 요소는 많다. 이러한 것들은 지도 위의 좌표들처럼 양측의 거리를 좁혀가는 데 도움을 줄 것이다.

다만 서로의 연결고리를 찾기 위한 노력처럼 보이는 대화가 사실은 경쟁으로 번지는 경우도 있으니, 이에 주의하면서 다음 대화를 살펴보자.

A: 저는 여행하는 걸 좋아해요. 지난 설 연휴에는 유럽여행을 다녀왔는데

파리행 티켓을 진짜 싼값에 구매했죠!

B: 저는 얼마 전에 진짜 재미있는 오페라를 봤어요. 저도 저렴한 티켓을 구했죠.

A: 아, 그러셨구나. 파리는 정말 곳곳이 그림 같더라고요. 루브르 궁전은 사흘 연속으로 갔는데도 다 못 보고 왔다니까요!

B: 음, 뭐니 뭐니 해도 최고의 미술관은 뉴욕에 있죠. 도시 전체가 미술관이잖아요.

A: 제 생각엔 파리도 그런 것 같아요.

B: 그건 아니죠! 뉴욕은 제가 좀 잘 아는데 언제 가이드 한번 해드려야겠다. 그럼 바로 알게 되실 거예요.

A: 하하, 그래요……. (핑계를 대며 자리를 떠남)

어떤가? 정말 어색하지 않은가? 두 사람 모두 연결고리를 찾기 위해 자신의 이야기를 하고 있지만 대화를 할수록 연결고리에서 점점 멀어지고 있다. 그럼 이들이 진정한 연결고리를 갖기 위해서는 어떻게 해야 할까? 다음과 같이 대화 방법을 바꿔볼 수 있을 것이다.

A: 저는 여행하는 걸 좋아해요. 지난 설 연휴에는 유럽여행을 다녀왔는데 파리행 티켓을 진짜 싼값에 구매했죠!

B: 와, 유럽이요? 가보고 싶었던 곳안데! 그동안 기회가 없었거든요. 그런데 파리에 좋은 오페라하우스가 있나요? 제가 오페라를 정말 좋아하거든요.

A: 그럼요! 게다가 파리는 정말 곳곳이 그림 같더라고요. 여행 중에 오페라를 보러 가지는 않았지만 루브르 궁전을 사흘 연속 다녀왔어요!

B: 그래요? 예술에 정말 관심이 많으신가 봐요.

A: 네! 조예가 깊은 건 아니지만 감상하는 걸 정말 좋아해요.

B: 사실 저도 그래요. 그래서 여행도 좋아하고요. 도시가 곧 예술 작품이라고 생각하거든요.

A: 맞아요!

파리나 뉴욕에 가보지 않았어도 다른 사람과의 대화 속에서 자신이 공감하는 부분을 찾아 이를 함께 공유할 경험이나 생각으로 확장하면 가치관의 연결고리를 만들 수 있다. 연결고리를 찾고 이를 인정하면 새로 사귄 친구에 관한 정보도 쉽게 기억할 수 있기 때문에 다음에 다시 만났을 때 큰 도움이 된다. 연결고리에 관한 이야기를

언급하면 전에 느꼈던 호감을 다시금 불러일으킬 수 있을 테니 말이다. 사람과 사람 사이의 연결고리를 찾는 일은 결코 어렵지 않다. 그리고 단언컨대 연결고리를 찾는 일은 성공적인 사회생활을 위한 최고의 방법이다!

겉으로 뚜렷하게 드러난 공통점보다 드러나지 않은 공통점이
서로를 연결하는 더 큰 힘이 된다.

_ 헤라클레이토스

요점 5: 공감(Empathy)

다섯째는 공감, 즉 감정이입이 필요하다.

공감 능력을 지닌 사람은 타인한테 쉽게 마음을 열어 호감을 사기가 쉽다. 공감 능력으로 상대를 이해하고, 무엇보다 상대의 장점을 더 많이 보려 하기 때문이다. 다만 여기서 주의할 점은 '공감'과 '동정'이 전혀 다른 개념이라는 사실이다.

동정은 남의 어려운 처지를 불쌍히 여기는 마음으로, 종종 약자에 대한 우월감이 바탕에 깔리기 때문에 상대가 불편하다고 느끼기 쉽다. 한편 공감은 일종의 동질감으로, 마치 상대에게 빙의해 그의 세상을 자신의 세상처럼 느끼는 것을 말한다.

꼭 입 밖으로 내지 않더라도 상대가 우리와 안 좋았던 경험을 나눌 때 그들의 말 속에는 다음과 같은 질문이 내포되어 있다.

"네가 나였다면 내 상황을 이해할 수 있겠니?"

"당시 내 기분이 어땠는지 알겠어?"

그렇다. 그들은 도움이 아닌 이해를 바란다. 아무리 어리석은 짓을 했다 하더라도 남들이 자신을 바보 또는 불쌍한 인간으로 취급해주길 바라는 사람은 없다. 그저 남들과 마찬가지로 충돌과 갈등을 겪으며 때로는 어쩔 수 없는 상황에 좌절하기도 하는 사람으로 봐주길 바라는 마음은 누구나 똑같다.

그런 의미에서 '공감'은 쉽기도 하고 어렵기도 하다. 우리에게는 모두 각자의 주관적 가치가 있기 때문이다. 그래서 우리는 때때로 도무지 상대를 인정할 수 없는 순간을 마주하기도 하고, 또 어떤 일을 듣고 저절로 반감을 느끼기도 한다. 공감의 핵심은 섣부른 판단을 내리지 않도록 자기 자신을 단속하고, 설교하는 데 급급하기보다는 먼저 상대를 이해하려고 하는 것이다. 무슨 일에서든 무조건 상대방과 같은 입장에 서야 하는 것은 아니니, 혹시 상대의 말에 공감하기 어렵다면 이렇게 말해보자.

"주관적으로는 동의할 수 없지만 그래도 네 생각을 듣고 싶어."

상대와 입장이 다르더라도 기꺼이 그의 생각에 귀를 기울여준다면 상대는 당신을 존경하게 될 것이다. 따라서 상대가 마음의 벽을 허물고 당신의 의견을 받아들이길 원한다면 공감하려는 자세로 대화에 임해야 한다.

예를 들어 어느 날 동료가 아이 문제로 하소연을 했다고 가정해보자. 동료는 아이의 버릇없는 행동에 화가 나서 회초리를 들었는데 막상 그렇게 훈육을 하고 나니 자책감이 든다고 한다. 이때 "아이고, 애를 때리면 안 되지! 아이들은 쉽게 마음의 상처를 받는다고!"라며

득달같이 설교를 하거나 "그래서는 아이와 대화를 할 수 없지. 아이에게 사과는 할 거지?"라고 해결 방법을 제시하는 건 좋지 않다.

이런 말들은 조금 뒤에 해도 늦지 않다. 당신이 동료의 행동에 동조하는지 여부를 떠나 최소한 상대의 마음을 헤아리려는 노력이 먼저다.

"내가 너였어도 분명 마음 아팠을 거야! 아이가 없어서 네 마음을 백 퍼센트 안다고는 할 수 없지만 강아지가 말썽을 부려도 화가 날 때가 있잖아. 한번은 나도 강아지가 집안을 난장판으로 만들어서 엄청 혼낸 적이 있거든. 그랬더니 나에게 미친 듯이 짖어대더라고. 그땐 정말 나도 강아지를 때려주고 싶었어!"

상대의 행동을 옳고 그름으로 재단하지 않고 상대의 감정을 그대로 직시하며 자신의 경험을 토대로 상대의 경험을 이해하려 한다면,

자책감에 시달리던 이 동료는 작은 위안을 얻게 될 것이다. '나에게도 내 이야기를 귀담아들어줄 친구가 있구나!' 하고 느끼게 될 테니 말이다. 이렇듯 공감하려는 자세로 상대의 느낌을 묘사할 때, 그 순간의 울림은 상대의 마음을 가라앉히고 더 나아가 상대를 좀 더 이성적으로 만드는 데 도움을 준다. 그리고 바로 이때 함께 문제 해결 방법을 모색해볼 수 있다. 충고를 해도 좋고, 설득을 해도 좋으며, 반대 의견을 말해도 좋다. 단, 공감을 토대로 상대의 다름을 존중하고 이해하는 과정이 반드시 선행되어야 한다.

젊은 시절의 나는 주관도 인내심도 없었다. 그래서 항상 다른 사람과 말이 통하지 않는다고 느끼거나, 가치관이 다른 사람에게 서로 생각하는 바가 다르니 함께하지 못하겠다는 식으로 선을 긋는 태도를 보였다. 당시에는 그런 나 자신을 멋지고 대범하다고 생각했다. 그러나 시간이 지나고 나서야 알았다. 그 대범함 때문에 내가 많은 사람과 인연 맺을 기회를 놓쳤다는 사실을 말이다. 사람을 사귀는 데에는 반드시 원칙이 필요하지만 그렇다고 공감 능력을 저버려서는 안 된다. 설령 상대가 이번 생에는 친구가 될 인연이 없는 사람이라 할지라도!

나의 마음은 두 곳에 존재한다.
내가 있는 이곳에 그리고 당신이 있는 그곳에.
_ 마가렛 애트우드

남을 존중하면 엄청난 선물 공세로 누군가를 매수할 필요가 없어진다. 상대에 대한 존중을 바탕으로 깊이 있는 관계를 맺을 줄 아는 사람은 직간접적으로 여러 이익을 얻는다. 그리고 이런 이익은 단순히 부와 명성을 가져다주는 것을 뛰어넘어 마음을 적시는 위로와 편안함을 준다. 반대로 누군가가 당신과 소통할 때 이런 느낌을 받을 수 있다면 당신에 대한 긍정적인 평가가 자연스레 늘어날 테고, 그만큼 당신을 돕고 지지하길 원하는 친구 또한 많아질 것이다.

PEACE는 나의 인생 경험과 배움을 녹여내 정리한 가장 간단하고 효과적인 사회생활의 원칙이다. 어떤 모임에 참석하든 이 원칙을 지키자는 마음가짐을 지녔고, 그 결과 사람 사귀는 일을 두려워했던 나는 세계 각지에서 친구를 사귈 수 있었다.

생각해보면 미인선발대회가 열릴 때마다 후보자들이 항상 자신의 바람으로 '세계평화'를 꼽았던 것 같다. 누군가는 이 대답을 진부하게 느낄지 모르지만, 나는 우리 모두가 PEACE를 원칙으로 소통한다면 적어도 이 사회가 한결 평화로워질 것이라고 믿어 의심치 않는다.

그러니 PEACE를 잘 활용하여 원활한 인간관계 형성을 위한 도구로 삼길 바란다.

명예를 생각하되 순위에 연연해하지 말고,
진정한 관계를 위하되 관계 자체에 연연해하지 말며,
충직함을 생각하되 명성에 연연해하지 말라.
_ **테드 루빈**

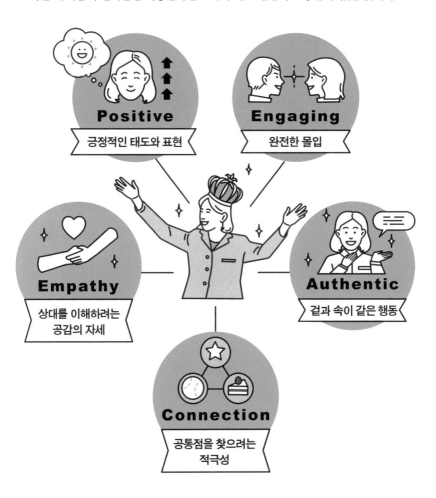

긍정적 친화력 PEACE

사회생활의 핵심은 일방적인 자기표현이 아닌, 쌍방향 소통에 있다. 사회생활을 하는 데 다음의 원칙들을 적용한다면 그 누구와도 원활히 소통할 수 있을 것이다.

Positive
긍정적인 태도와 표현

Engaging
완전한 몰입

Empathy
상대를 이해하려는
공감의 자세

Authentic
겉과 속이 같은 행동

Connection
공통점을 찾으려는
적극성

note

Chapter 3

사람의 마음을 움직이는
이야기 집짓기

심리학을 통해 배운 대화의 예술

우리는 보통 사교성이 좋은 사람들을 부러워한다. 그들은 어떤 자리에서든 어색함 없이 사람들과 어울리기 때문이다. 모임에 참석한 사람 중 아는 이가 없어도 그들에게는 전혀 문제 되지 않는다. 불과 몇 분이면 낯선 사람들과 친숙하게 대화를 나눌 테니 말이다. 그렇다면 그들은 대체 어떻게 그 많은 이야깃거리를 만들어내는 걸까? 그리고 얼마나 박학다식하기에 그렇게 빠른 반응을 보이는 걸까?

이는 10여 년 전 내가 갓 라디오 진행을 맡았을 때 나를 고심에 빠뜨린 문제이기도 하다. 라디오는 TV 프로그램처럼 눈에 보이는 영상이 없기 때문에 그저 듣기 좋은 내용으로 승부를 봐야 했는데, 당시엔 대체 어떻게 해야 듣기 좋은 프로그램이라고 할 수 있을지 도통 감이 잡히지 않았다. 그래서 나는 무조건 알찬 프로그램을 만드는 데 중점을 두고 독특한 관점과 견해로 방송 시간을 채웠다. 심지어 오프닝 대사까지 외워가며 짜인 대본에 충실한 진행을 했다. 그러다 보니 게스트가 돌발적으로 어려운 질문을 던질 때면 당황하기 일쑤였다.

그러던 어느 날, 회의석상에서 만난 한 선배가 이런 조언을 해주었다.

"류쉬안! 사실 듣기 좋은 라디오 프로그램의 핵심은 결국 듣기 좋은 대화에 있어."

간단한 이 한마디를 나는 몇 년간 곱씹었고 그제야 조금씩 그 안에 담긴 이치를 알아갈 수 있었다.

확실히 진행자는 무릎을 탁 칠 만큼 좋은 글을 읽어줘야 하는 직업도, 청산유수처럼 말을 쏟아내야 하는 직업도 아니었다. 진행자는 게스트가 자신의 언변을 드러낼 수 있게 해주고, 자신의 이야기를 할 수 있도록 도와주며, 즐겁게 대화를 이어갈 수 있도록 그들의 감정을 끄집어내주는 역할을 해야 했다. 그랬다. 게스트가 편안함을 느끼면 자연스레 분위기가 좋아지고, 분위기가 좋아지면 더 다양한 이야기를 꺼내놓게 마련이니 프로그램 또한 재미있어질 수밖에 없었다.

이는 우리가 일상적으로 대화를 나눌 때에도 마찬가지다. 너무 복잡하게 생각한 나머지 시도도 해보지 않고 입을 닫아버릴 필요는 없다. 대화는 그저 즐거운 한담일 뿐이다. 이 과정에는 시작과 끝이 있고, 고정된 리듬이 있다. 이번 챕터에서는 바로 이에 관한 이야기를 나눠보고자 한다.

그에 앞서 지난번에 친구와 나눴던 대화 중 이것이야말로 진정한 소통이구나 하고 느꼈던, 당신에게 가장 인상 깊었던 대화가 무엇이었는지 생각해보라. 당신은 어떻게 그 상대를 알았고, 어떤 장소에서 어떤 이야기를 나누었는가? 어떻게 공통의 화제를 찾았고 또 어떻게 상대와 친해졌는가?

이에 당신은 금세 어떤 광경을 떠올렸을지 모른다. 그러나 자세한 기억은 흐릿하지 않은가? 아마도 당신의 기억에는 어떤 말이나 상대의 표정, 또는 너무 추상적이어서 말로는 표현할 수 없지만 한편으로는 매우 생생한 '느낌'만 남아 있을 것이다.

좋은 대화는 으레 대화 당사자들에게 좋은 느낌을 남긴다. 물론 곰곰이 기억을 더듬으면 당시의 세부 상황이 떠오를지도 모르지만, 기억에 남은 그 느낌이야말로 다음에 다시 그 친구를 만났을 때 그때 기분으로 되돌려주는 가장 확실한 이유가 된다. 그런 까닭에 유독 말이 잘 통하는 친구와는 아무리 오랜만에 만나더라도 전혀 어색함 없이 이야기꽃을 피울 수 있는 것이다. 한마디로 느낌이 '통通'했기 때문이다.

느낌은 정보보다 강렬하다

그렇다면 이런 느낌은 어떻게 생겨나는 걸까?

교육심리학에서 말하는 '비계Scaffolding'라는 개념을 이미지화하면 훨씬 쉽게 이해할 수 있는데, 여기서 비계란 건물을 지을 때 건축회사가 작업 편의를 위해 건물 주변에 세워놓는 지지대를 말한다.

개인적으로 나는 대화의 과정이 집짓기 과정과 같다고 생각한다. 집을 지을 때 비계를 어떻게 세우느냐에 따라 집 모양이 결정되는 만큼, 대화할 때에도 지지대를 세우는 데 공을 들여야 한다는 뜻이다.

다른 사람과 함께 집을 짓는다고 치면 당신은 가장 먼저 무엇을 하겠는가? 아마도 땅을 찾고, 지형을 조사하고, 지면을 골라 기반을 다질 것이다. 자재를 운반해 비계를 세우고 지면에서부터 한 층, 한 층 벽돌을 쌓아 올리는 일은 그다음이다. 이 과정에서 당신은 주도적인 역할을 할 수도, 보조적인 역할을 할 수도 있지만 땅을 빼앗아 혼자 건물을 지으려 한다거나 자신의 생각, 이야기, 의견만을 잔뜩 채워 넣으려 해서는 안 된다. 그 순간 대화는 각자의 말이 될 수밖에 없기 때문이다.

이에 나는 나 자신에게 이런 숙제를 냈다.

'나를 표현하고자 하는 충동을 자제해 소통의 박자를 맞출 것!'

서로 소통의 발을 맞춰가고 있다는 생각이 들면 말이 잘 통한다는 느낌은 자연스럽게 생기게 마련이다.

각자의 독백은 대화가 될 수 없다.

_ 제프 데일리

스텝 1: 지형 조사

집을 짓거나 매입하기 전 우리는 가장 먼저 그곳의 입지가 좋은지, 이웃에는 어떤 사람들이 사는지, 인근 학군과 편의 시설은 어떤지 등을 고려한다. 그렇다면 다른 사람과 대화를 나누기 전에도 마땅히 선행해야 하는 일들이 있지 않을까? 건물을 지을 때 지형을 조사하듯 누군가와 대화할 때에도 이런 사전 작업이 이뤄져야 상대와 어떤 대화를 나눌지 결정할 수 있다.

라디오를 진행할 때 게스트 인터뷰가 잡히면 나는 반드시 인터넷을 활용해 상대의 배경이나 자료 등을 검색하는 '밑 작업'을 했다. 사실, 이러한 밑 작업은 비단 인터뷰 형식의 대화뿐만이 아니라 장소와 상대를 막론하고 어디에나 활용할 수 있다.

예컨대 새로운 친구를 소개받기로 했다거나 중요한 사람과 회의가 있을 때, 상대의 이름만 알고 있다면 인터넷을 활용해 얼마든지 이런 밑 작업을 할 수 있다. 관련 자료를 찾지 못했다 하더라도 또는 상대가 누군지 정확히 알지 못한다 하더라도 괜찮다. 약속된 자리에 어떤 업계의 인사가 참석하는지를 물어 관련 업계의 배경이라든지 최근 소식을 알아볼 수 있기 때문이다.

한편 어느 장소에 도착하고 나서야 대화를 나누거나 친해지고 싶은 상대를 만났을 경우에는 초대자나 공통된 친구를 찾아가 상대의 정보를 물어볼 수 있다. 그러면 그들 중 열에 아홉은 당신에게 직접 그 상대를 소개해줄 것이다. 설령 그 사람에게 상대를 소개해줄 시간이 없다 하더라도 최소한 상대 정보는 얻을 수 있을 테니 처음부터 겁먹고 눈만 멀뚱댈 필요는 없다.

오늘 어떤 모임에 참석해야 한다면 검색을 통해 먼저 주최자의 이력이나 그가 종사하는 분야에 대해 간략히 알아보라. 상대에게 좀 더 점수를 따고 싶다면 업계에서 사용하는 전문 용어를 알아두었다가 적절히 활용해보는 것도 좋다. 예를 들어 모임 중 누군가에게 주최자의 직업이 디자이너라는 말을 들었다면 당신은 그에게 이렇게 물어볼 수 있다.

"디자이너시라던데 그래픽 디자이너세요? 아니면 산업 디자이너?"

상대가 프로그래머라고 대답한다면 다시 이렇게 물어볼 수 있다.

"와! 그럼 앱을 만드시는 거예요, 아니면 시스템 프로그램을 만드시는 거예요?"

그러면 상대는 당신이 동종업계 종사자가 아니더라도 관련 분야에 관심이 많은 사람이라고 생각해 곧바로 생기를 띠며 이야기를 시작할 것이다.

타이완의 온라인 마케팅 대가 쉬징타이는 페이스북의 스마트 리스트를 활용하는 매우 훌륭한 노하우를 지녔다. 그는 온라인 쇼핑몰의 점주, 과학 기술 매체, 패션 매거진 종사자 등 다양한 분류의 카테고리를 설정해, 새로운 친구를 사귀어 상대를 페이스북 친구에 추가할 때마다 즉시 해당 카테고리에 자동 분류되도록 했다. 특정 카테고리를 선택하기만 하면 그 즉시 해당 카테고리에 속한 모든 친구의 정보를 볼 수 있도록 한 것이다. 언젠가 대화를 나누던 중 그는 자신의 노하우를 공개하며 말했다.

"이렇게 카테고리를 분류해두면 아주 좋아요. 다음에 만날 약속이 생기면 약속 장소에 나가기 전에 상대의 상태를 빠르게 업데이트해 그의 최근 근황을 알 수 있거든요."

그의 말대로 상대의 근황을 알고 있으면 이야기의 물꼬를 트기가

한결 쉬워진다. 설령 만나기 5분 전에 급히 업데이트한 정보라 할지라도 상대의 근황을 바탕으로 질문하면 상대는 분명 존중받고 있다고 느낄 테니 말이다.

이밖에도 평소 산업 동향이나 업계 뉴스에 주의를 기울이고 다양한 분야의 지식을 쌓는 것도 한 방법이다. 그러나 깊게 공부를 할 필요도, 더 많은 정보를 보지 못했다고 불안해할 필요도 없다. 한 번도 접해본 적 없는 것보다는 한 번이라도 훑어보면 도움이 되리라는 마음이면 충분하다. 이렇게 기본 지식들을 쌓아놓으면 대화 주제가 풍성해짐은 물론, 매번 날씨나 가십거리를 이야기할 때보다 훨씬 유의미한 대화를 나눌 수 있다.

그러므로 지형 조사는 대화라는 집을 짓기 전 반드시 선행해야 할 작업이다.

매일 일정 시간을 투자해 뉴스, 시사, 핫이슈 등을 살피는 일도, 최근 인기 있는 책 또는 타임라인, 담벼락, 인스타 피드 등 각종 SNS를 확인하는 일도 모두 좋은 이야깃거리를 얻을 수 있는 방법이다. 이렇게 습관을 들이다 보면 앞으로 어떤 사람을 만나든 당황하지 않고 대화를 나눌 수 있다.

철저한 준비가 기회를 만든다.

_조 포이어

스텝 2 : 지반 다지기

두 사람이 이야기를 나누기 시작한 지 약 3분에서 5분이면 서로에 대한 기본적인 탐색이 완료된다. 즉, 이 짧은 시간에 집터 다지기에 해당하는 작업을 수행해야 하는데, 지반을 얼마나 잘 다지느냐에 따라 소통 과정이 원활해지고 이로써 집을 얼만큼 더 높이 지을 수 있느냐가 결정된다.

그렇다면 튼튼한 지반을 결정하는 것은 무엇일까? 바로 당신과 상대방이 만든 대화의 공간과 느낌이다.

서로를 모르던 두 사람이 처음으로 만나면 약간의 긴장감과 어색함을 느끼게 마련이다. 특히 비교적 내향적이고 감정이나 생각을 잘 드러내지 않는 아시아인은 더욱 그렇다. 그러나 함께하는 시간이 길어지면서 한 공간 안에 있는 게 익숙해지면 어색함은 조금씩 사라진다. 지반을 다지는 목적은 만남의 첫 순간 느끼는 부자연스러움을 줄여 상대가 당신과의 대화를 편안하게 느끼도록 함으로써 거침없이 즐거운 대화를 나누는 데 있다. 그러므로 이 단계에서는 어떤 정보보다 느낌이 더 중요하다.

일반적으로 우리는 타인과 대화가 통하려면 상대의 말을 알아듣고 어떻게 반응해야 하는지를 알면 된다고 생각한다. 그러나 사실 소통의 본질은 언어적 이해를 통한 의미 공유뿐만이 아니라 서로 '통'한다는 느낌에 있다. 그리고 이 느낌은 자세, 손짓, 말투 등 비언어적인 상호작용이 동시에 이루어졌을 때 비로소 생겨난다. 타인과 대화를 나눌 때 종종 자신도 모르게 상대의 동작을 모방하는 이유 역시 바로 이 때문이다. 서로를 모방하며 잠재의식 속에서 상대에 대한 호감을 더해가는 것이다.

반대로 대화 과정에서 상호 보조를 맞춰나가지 못한다면 대화가 겉돌게 되고, 이는 마치 말이 통하지 않는 것과 같은 느낌을 주어 거리감을 더하는 결과를 초래한다. 그리고 우리가 상대와의 차이점에 주의를 기울일수록 이러한 거리감은 더욱 커져간다.

부담 없이 호감을 이끌어내려면 먼저 인사치레나 날씨 얘기와 같은 가벼운 '한담'을 배제할 수 없다.

한담의 특징은 바로 얕고 표면적이며 별다른 개성이 없지만 동시에 부담이 없고 우호적인 성격을 띤다는 것이다. 여기서의 포인트는 '가볍되 우호적인' 말이다. 상대는 당신이 어떤 말을 하느냐가 아닌, 당신이라는 사람이 자신에게 호감을 지니고 있는지를 주목할 테니 말이다. 그러니 처음부터 자신에게 미안해지는 인사치레를 건넨다거나 할 말을 하지 못하고 어색한 모습을 보이는 일은 없도록 하자.

얼마 전 우리 동네에 새로운 이웃이 이사를 왔다. 이사 전 인테리어 공사로 매일 쿵쾅대는 소리가 들려왔지만 집주인의 얼굴은 단 한 번도 볼 수 없었다. 그러던 어느 날 엘리베이터 앞에서 일반 카드키를 들고 있는 낯선 사람을 만났다. 이곳 주민 대부분은 열쇠고리에 걸 수 있는 스마트키를 들고 다니는데, 그는 일반 카드키를 들고 있었다. 분명 새로 이사 온 사람임을 직감했다.

그는 나를 쳐다봤지만 인사를 건네지는 않았다. 우리는 함께 엘리베이터를 기다렸는데, 그때 나는 생각했다.

'어떻게 말을 걸어볼까?'

새로 이사 오신 분이냐고 직접적으로 물어볼 수도 있었지만 그러기엔 왠지 상대를 떠보는 느낌이라 별로 좋은 방법 같지 않았다. 그래서 나는 이렇게 말했다.

"요즘 부쩍 날씨가 더워지네요."

그러자 그는 살짝 미소를 지으며 이렇게 대꾸했다.

"그러게요!"

"본격적인 더위가 시작됐나 봐요. 후텁지근하니."

"맞아요. 그래서 요즘엔 저녁에도 에어컨을 틀어놓는다니까요."

이렇게 몇 마디를 주고받는 사이 엘리베이터가 도착했고 우리는 함께 엘리베이터에 올라탔다.

층수를 누른 후 내가 말했다.

"몇 번 비가 올 듯하다 안 와서 이불을 넣어야 할지 말아야 할지도 모르겠어요."

그러자 그가 고개를 끄덕이며 물었다.

"그런데 옥상에다 이불을 널 수 있나요?"

"네."

나는 대답을 하고 다시 그에게 물었다.

"아, 그러고 보니 전에 뵌 적이 없는 것 같은데 이번에 새로 이사 오셨나 봐요?"

"네! 지난달에 이사를 와서 아직 입주자 회의에 나갈 기회가 없었네요."

그가 누른 층에 엘리베이터가 도착했을 때 우리는 어느새 아는 사이가 되어 있었다. 그 후, 그는 나와 마주칠 때마다 친근감을 표시하며 먼저 말을 걸기도 한다.

어쩌면 당신은 내가 필요 이상의 행동을 했다고 생각할지도 모르겠다. 언제 이사 왔는지 단도직입적으로 물으면 되지 않느냐며 말이다. 그러나 처음부터 상대의 신분이나 직업, 사는 곳 등을 물으면 어떤 사람들은 그런 직접적인 질문에 불편함을 느끼기도 한다. 나부터도 첫 만남에 사적인 질문들을 쏟아내는 사람들이 무섭다. 그래서 나는 항상 '친근감을 형성하는 동시에 사적인 공간을 존중해야 한다'라고 되뇌며 처음부터 지나치게 사적인 질문을 던진다거나 상대가 사생활을 캐묻는 것 같다는 느낌을 줄 행동을 하지 않으려 노력한다. 특히나 서양 사람들은 개인의 프라이버시를 중요하게 생각하기 때문이다. 내가 다소 '시시한' 말로 말문을 여는 이유는 나의 정감을 드러내기 위해서다. 생각해보라. 별 의미 없이 주고받은 몇 마디의 '한담'을 통해 나와 새 이웃의 관계가 어떻게 변했던가? 우리는 침묵을 깼고, 낯선 사람과 엘리베이터라는 폐쇄된 공간에 함께 있다는 사실이 주는 어색함을 해소했으며, 자연스럽게 서로를 알아가는 기회까지 만들었다.

애써 꺼낸 말이 상대한테 식상하게 느껴질까 걱정할 필요는 없다. 대화란 원래 시작부터 흥미로울 수 없을뿐더러 식상함 그 자체에도 나름의 가치가 있다!

> 인생은 단 한 번뿐이다.
> 제아무리 무료한 시간도 모두 한정판인 셈이다.
> **_ 출처 미상**

한편 공간에 대해 특별히 주의해야 할 점이 있는데, 바로 사교적 거리를 존중하는 것이다. 다시 말해서 대화 상대와 적정 거리를 유지해야 한다는 뜻이다. 어떤 이들은 가까운 거리에서 얼굴을 맞대고 이야기하길 좋아하지만, 또 어떤 이들은 살짝 떨어진 거리에서 편안함을 느낀다. '사교적 거리'는 터질까 봐 불안한 풍선과도 같다. 우리가 사교적 거리에 특별히 주의를 기울여야 하는 이유는 사람들이 각자 지닌 풍선의 반지름이 다르기 때문이다. 상대가 몸을 뒤로 살짝 젖힌다거나 심지어 뒤로 물러난다면 이는 꼭 당신이 싫어서가 아니라 당신이 너무 가까이 서 있기 때문일 수 있다. 이럴 때에는 몸을 옆으로 비스듬히 기울여 약간의 공간을 만드는 것이 좋다.

아! 만약 사교 모임에 참석해야 한다면 생마늘이나 양파, 부추 같은 음식은 삼가자. 담배를 피운다거나 커피를 마시는 습관이 있다면 되도록 민트 사탕 등을 휴대해 강한 입 냄새 때문에 상대를 불쾌하게 만드는 일이 없도록 해야 한다. 나의 경우 양복 주머니에 항상 사탕을 넣어 가지고 다녔는데 걸을 때마다 달그락 소리가 나서 요즘은 구취 제거 스프레이를 휴대한다.

이 밖에도 그동안 사람들에게 잘 공유하진 않았지만 개인적으로 자주 활용하는 나만의 비법이 있는데, 그것은 바로 '메신저' 기법이다. 제삼자의 칭찬을 전달하며 운을 떼는 이 방법은 새로운 친구를 알아가는 단계에서 특히 유용하다.

"아무개가 말하던 그 대단한 선배가 바로 당신이었군요!"

"아무개가 그러던데요? 자기가 아는 최고의 광고업자가 당신이

라고."

"주최자가 당신을 꼭 소개해주고 싶다 하더라고요. 책을 내도 손색없을 정도로 인생 경험이 풍부한 분이시라면서!"

제삼자의 칭찬을 전달하는 방법을 사용하면 낯간지러움을 피하면서도 상대의 체면을 세워줄 수 있고, 또 제삼자의 칭찬을 거들며 대화의 에티켓을 지킬 수도 있다. 또한 자연스럽게 "두 분은 어떻게 아시는 사이예요?"라는 질문을 던져 대화를 이어나갈 수도 있다.

칭찬을 전하는 메신저에게 사람들은 언제나 약한 법이다.

칭찬은 사람의 감성뿐만 아니라 이성에도 많은 도움을 준다.

_ **톨스토이**

스텝 3: 건물 짓기

집을 지을 때 저층에서 고층으로 구조물을 쌓아 올리듯 대화에도 이러한 단계가 존재한다. 즉, 대화를 시작할 때 실제로 관찰한 것에 대해서나 서술적인 내용의 것을 주로 나눈다면, 대화라는 건물의 층이 높아질수록 마음속에 품고 있던 느낌이나 생각들을 꺼내 그 깊이를 더하게 된다. 만약 어떤 일을 서술하는 데에서 조금씩 자신의 생각을 이야기하는 수준까지 발전했다면 이는 당신이 상대의 마음속으로 한 걸음씩 다가가고 있다는 증거다.

그렇다면 어떻게 해야 대화라는 건물을 한 층, 한 층 잘 쌓아 올릴수 있을까? 이를 위한 가장 직접적이고 간단한 방법은 바로 상대에게서 재미있는 이야기를 이끌어낸 다음 이를 토대로 자신의 이야기를 하는 것이다.

사람들은 저마다 재미있는 이야깃거리를 가지고 있고, 한편으로는 재미있는 이야기를 듣길 좋아한다. 그러나 그렇다고 모든 사람이 재미있는 이야기를 할 줄 아는 것은 아니다. 우리가 주목해야 할 점은 바로 이 부분이다. 기왕 집을 지으러 왔으니 상대가 어수선히 널린 기와와 벽돌을 차근차근 쌓아 올릴 수 있도록 도와줘야 한다는 뜻이다.

UFO 라디오에서 〈예술은 재미있어〉라는 프로그램을 진행할 당시, 나는 매주 예술가 한 명과 인터뷰를 진행해야 했다. 우리 아버지도 화가인지라 나는 예술가의 모든 작품에는 반드시 그것에 얽힌 이야기가 있음을 잘 알고 있었다. 예를 들면 창작을 위한 영감의 근원이라든지 창작 과정, 그리고 그 과정에서 만난 슬럼프, 자신에 대한 도전 등의 이야기들 말이다. 하지만 게스트로 초대된 예술가들 중에는 창작 능력은 뛰어나지만 자신의 작품에 대해 이야기하는 데에는 별 재주가 없는 사람들이 더러 있었다. 그들은 주로 '작품 자체로 이야기하겠다'는 식이었는데, 그럴 때면 나는 예술가가 되기까지 어떤 심경의 변화가 있었는지를 물었다. 왜냐? 자신의 인생을 별것 없다고 말하는 사람이나, 꽃길만 걸어온 것처럼 보이는 사람에게도 전환점이라고 할 만한 사건과 어려운 결정의 순간은 꼭 있게 마련이니까!

영화에서도, 소설에서도 어려움을 이겨내는 주인공이 있기에 이야기가 한층 더 재미있어지는 것처럼 인터뷰이가 경험했던 어려운 결정의 순간은 곧 모든 이야기의 핵심이 되었다. 우리네 인생이란 본래 각자의 풍파를 이겨내며 순간의 선택과 결정으로 자신의 인생 그래프를 바꿔나가는 과정이며, 이 과정은 우리에게 배움을 주고 성장시키기에 충분한 가치가 있기 때문이다. 물론 이야기를 끌어내기가 정말 어려운 때도 있었다. 특히 상대가 유보적인 태도를 보이며 자신의 속마음을 드러내길 원치 않을 때에는 더더욱 그랬다. 이럴 때 나는 내 이야기를 먼저 꺼내놓았다. 상대가 나와의 대화에 익숙해질 수 있도록 시간을 주기 위해서였다. 그러면 게스트들은 어느새 긴장을 풀고 자신들의 경험을 떠올려 이야기를 하곤 했다.

이러한 방법은 비단 방송 인터뷰에서뿐만 아니라 일반적인 사회생활에서도 충분히 활용할 수 있다. 단, 자신의 이야기가 너무 길어저 상대의 이야기를 듣기 위한 미끼 던지기가 무차별 '말폭탄'으로 변질되지 않도록 주의를 기울여야 한다. 이때 공통분모에 속한 친구나 함께한 추억에 대한 이야기로 대화를 시작하는 것도 좋은 방법이다. 물론 가십은 피하고 사생활은 존중하는 선에서 말이다.

일단 상대가 자신의 이야기를 시작하면 그의 말을 끊는 건 금물이다! "지난주에 발리에서 돌아왔는데……"라는 말에 대한 가장 최악의 반응은 "전에 나도 발리에 다녀왔는데 어쩌고저쩌고……" 하며 상대의 말을 가로채 자신의 자랑거리를 늘어놓는 것이다. 솔직히 말해서 그럼 상대가 뭘 더 이야기할 수 있겠는가? 자신의 경험은 상대가 말을 마친 후 이야기해도 늦지 않다.

또한 성급하게 결론을 내리는 것도 삼가야 한다. "지난주에 발리에서 돌아왔는데 재미있는 일이 정말 많았어. 특히 물건을 살 때는 매번 긴장의 끈을 놓을 수가 없더라고. 가격을 깎으려는 자와 깎아주지 않으려는 자의 한판 승부 같은 느낌이랄까……" 하는 상대의 말에 "맞아! 거긴 정말 그렇지. 가격 흥정하는 게 피곤해서 차라리

물건을 안 사고 만다는 사람도 많잖아!"라고 반응했다 가정해보자.

그렇다면 그다음은 어떻겠는가? 상대가 이제 막 이야기의 운을 뗐는데 거기에 어림잡아 결론을 내려버렸으니 상대는 더 이상 이야기를 이어갈 수 없게 된 셈 아닌가? 상대가 미처 입 밖으로 내지 않은 말과 이야기 속에 숨겨진 상황, 그리고 그 이야기를 꺼낸 목적까지 정확히 이해하고 더 나아가 대등한 위치에서 진정한 소통을 하려면 상대의 말에 집중해 올바른 반응을 보이려는 노력이 필요하다. 즉, 상대가 자신의 이야기를 제대로 할 수 있도록 나보다는 상대의 무대를 높여주는 것이 무엇보다 중요하다는 뜻이다.

예컨대 위와 같은 상황에는 "최저 얼마까지 깎아봤어?"라든지 "바가지 써본 적 있어?"라는 식의 구체적인 질문을 던져볼 수 있다. 그리고 이보다 더 좋은 반응은 "그래서 그 한판 승부의 승자는 누구였니?"라고 질문을 던지는 것이다.

좋은 질문은 항상 좋은 이야기를 이끌어낸다.

요컨대 상대가 자신이 가진 이야기보따리를 풀 수 있도록 도와주고, 그 이야기에 따라 표정을 바꿔가며 상대와 함께 이야기 속에서 호흡해야 한다. 그러니 상대가 이야기를 할 때에는 호응을 아끼지 말라! 말과 눈빛으로 반응하고, 더 많은 질문을 던져 상대가 자신의 이야기를 더 구체적인 그림으로, 색으로, 소리로, 느낌으로 표현할 수 있게 만들어라. 사실 사람은 누구나 이야기하길 좋아하지만, 정말 대화를 잘하는 사람은 상대의 이야기를 통해 자기 경험을 나눌줄 안다. 나는 상대의 이야기를 들어서 좋고, 상대는 이야기를 할 수 있어서 좋고, 또 두 사람 모두 깨달음을 얻을 수 있어서 더 좋은 대화! 이런 대화야말로 정말 즐거운 대화다.

대화는 공감을 형성하기 위한 과정이기도 하다. 공감을 형성하는 가장 쉬운 방법은 바로 상대의 이야기 속에 들어가 그와 함께 당시의 상황을 경험해보는 것인데, 이를 위해서는 다음 한마디면 충분하다.

"와! 나였으면 분명 뭐라 뭐라 생각했을 텐데……."

이 한마디가 대화를 객관적인 사실을 토론하는 단계에서 느낌을 나누는 단계로 격상시켜줄 것이다.

상대가 한 말 중 공감되는 이야기가 있다면 이를 마음에 잘 담아두는 것도 좋은 방법이다. 대화가 끊기거나 할 말이 없을 때 "사실 방금 네가 뭐라 뭐라 한 말이 특히 마음에 와 닿았어" 하며 자연스럽게 다시 대화를 이어갈 수 있기 때문이다. 어떤 이들은 상대의 끝말이 채 떨어지기 무섭게 "아! 맞아, 맞아!", "나도 그런데!" 하며 즉각적인 반응을 보이기도 한다. 물론 이 자체는 잘못된 행동이 아니지만 상대의 말보다 한발 빠른 반응을 보이지 않도록 주의할 필요는 있다. 너무 빠른 공감의 표시는 성급한 사람이라는 인상을 심어줄 뿐만 아니라 진심이 아닌 그저 예의상의 표현으로 받아들여지기 십상이다.

그러니 상대의 말에 동의할 때에는 가볍게 고개를 끄덕이는 정도로만 표현하고, 하고 싶은 말은 상대의 이야기가 끝나고 자신의 차례가 돌아올 때까지 미뤄두자. 예를 들어 상대가 최근 어떤 책을 구매했다며 그 책을 쓴 작가에게서 많은 영향을 받았다는 이야기를 하고 있다고 가정해보자. 이때 마침 당신도 그 작가에 대해 알고 있다

하더라도 알은체는 상대의 이야기가 모두 끝난 뒤로 미뤄두어야 한다. 상대의 말을 끊어가며 "어! 나 알아. 나도 그 작가 책 좋아해!"라고 즉각적인 반응을 보이는 것보다 예의 바르게 자신의 차례를 기다렸다가 "네가 방금 말한 작가 나도 정말 좋아해. 그 작가 작품은 거의 다 읽었을 정도로" 하고 말하는 편이 훨씬 낫다.

사람은 자신이 하고 싶은 이야기를 마쳤을 때 만족감을 느끼기 때문이다. 예컨대 맥아담스처럼 내러티브 이론을 논하는 많은 심리학자들은 '이야기를 하는 행위'와 '이야기를 듣는 행위'를 통해 인간은 단순한 소통을 넘어서서 자신의 삶을 구조화하고 의미화한다고 말한다. 즉, 아무리 소소하고 일상적인 경험일지라도 그에 대해 완벽하게 서술하는 순간 서술과 경청이라는 상호 과정을 통해 그 일이 얼마나 의미 있는지를 탐색하는 중요한 사고 과정을 거치게 되고, 이로써 더 이상 사소한 일이 아닌 서로에게 의미 있는 경험이 된다는 뜻이다.

따라서 상대가 이야기를 마쳤다면 이야기의 결말, 즉 이야기 속 경험이 상대에게 불러온 변화에 포커스를 맞춰 다음과 같은 질문을 던져볼 수 있다.

"그런 경험들이 너를 변하게 만들었니?"

"다시 기회가 주어진다면 그때도 같은 선택을 할 거야?"

"앞으로 또 혼자 해외여행 갈 생각 있어?"

"그래도 아직 다른 사람을 믿고 싶어?"

상대를 아무리 속속들이 잘 알고 있다 하더라도 이런 질문에 상대는 다음과 같은 놀라운 대답을 내놓을지 모른다.

"머리에 총구가 겨눠져 하마터면 죽을 뻔했어도 또 혼자 여행을 떠날 거야. 두려움에 내 자유를 저당 잡히고 싶지는 않거든!"

물론 상대의 이야기를 듣고 이에 완전히 공감한다면 더할 나위 없이 좋다! 그러니 거침없이 상대의 이야기에 대한 느낌을 말하고, 거기에 겸사겸사 자신의 이야기를 끼워 넣어라. 이렇게 실질적인 경험의 공유를 통해 서로 더 깊은 생각과 공감을 쌓아갈 수 있다.

'말하는 사람은 상대가 듣고 싶은 이야기를 하고, 듣는 사람은 상대가 하고 싶은 이야기를 듣는 것.'

이것이 바로 좋은 대화다.

스텝 4: 다락방 완성하기

집짓기의 최종 단계에는 건물의 마지막 층, 즉 '마음의 다락방'을 완성해야 한다. 마음의 다락방은 친한 친구에게만 허락되는 따뜻한 분위기의 작은 공간으로, 그 안에는 편안한 소파와 장작이 타들어가고 있는 벽난로, 따끈한 핫초코가 놓인 탁자가 있다. 상대와 '마음의 다락방'에서 이야기를 나눌 때면 바깥이 아무리 소란스러워도 편안한 마음으로 대화에 집중할 수 있다. 마치 이 세상에 두 사람뿐인 것처럼 말이다.

그렇다면 어떻게 해야 마음의 다락방 열쇠를 손에 넣을 수 있을까? 이를 위해서는 상대와 함께 깊이 생각할 수 있는 공간을 만들어야 한다.

생각해보라. 당신에게 가장 인상 깊었던 대화, 잊을 수 없는 대화는 어떤 것이었는가? 새로운 시각에 눈을 뜨게 해주고, 신선한 충격을 안겼으며, 눈앞이 환해지는 느낌 또는 마음이 통한다는 느낌을 받았을 때 아니던가? 물론 이러한 느낌을 받는 경우는 다소 드물 수 있고, 처음 대화를 나눌 때에는 더욱 그럴 수 있다. 그러나 결코 불가능한 일은 아니다. 준비된 36개의 질문이면 두 사람을 사랑의 강에 빠뜨리기 충분하고, 또 마음으로 나눈 그 대화는 깊은 우정의 포문을 열기에 부족함이 없다.

마음의 다락방은 감정과 사고의 공간이다.

심리학에서 사용하는 지도 기술 중 '가치 규명'이라는 것이 있다. 계획된 소통 과정을 통해 배우사와 결혼, 가족관계, 우정, 직장생활, 성장과 발전, 오락, 사회 구성원으로서의 생활 등 여러 방면에 대한 자기 생각, 즉 가치관을 관찰하도록 하는 방법이다.

한 사람의 마음의 다락방에 각기 다른 색깔의 유리병이 여러 개 놓여 있고, 모든 병에는 어떠한 이야기를 경험하면서 단련된 인생의 가치관이 담겨 있다고 상상해보자. 이때 사람마다 병에 담은 물건이 달라질 것이며 각자가 중요시하는 부분도, 심지어 이러한 가치관을 공유할 때 선호하는 방식 또한 모두 다를 것이다. 그러므로 상대와의 대화에서 가장 깊은 공감대를 찾아내려면 마음의 다락방에 놓인 여러 유리병 속에서 상대가 가장 관심 있어 하는 것은 무엇인지를 파악해 토론의 기반을 찾아야 한다. 그래야만 더 깊은 대화를 나누고 서로를 향한 진짜 호감이 생겨날 수 있다.

어떤 이들은 타고난 철학자라 마음의 다락방 안을 추상적이고 거시적인 개념으로 채우길 좋아한다. 이런 사람은 이야기를 할 때에도 자연스럽게 그쪽 방향으로 빠진다. 예를 들어 물건을 구매할 때 흥정을 했던 이야기에서 인생을 논하기 시작하는 식이다. 이럴 때에는 그 생각의 방향을 따라 그와 함께 생각하며 소크라테스 같은 질문을 던져볼 수 있다.

"인간은 잇속 챙기기를 참 좋아하는 것 같아. 그치?"

"흥정을 시도했는데 값을 깎아주지 않으면 양쪽 모두 입장이 좀 난감해지지 않나?"

때로는 재치 있는 질문이 두 사람의 대화에 깊이를 더한다. 물론 이렇게 철학적이고 추상적인 대화가 모든 사람에게 적합한 것은 아니지만 말이다.

마음의 다락방 열쇠를 획득하는 또 다른 방법은 각자의 개성 및 가치관과 연관이 있다. 이 경우 똑같이 이익을 얻는 일에 대해 이야기를 나누더라도 대화가 비교적 개인적 측면에 집중된다. 이럴 때에는 상대한테 이렇게 말해볼 수 있다.

"손해 보는 걸 좋아하지 않는 것 같은데, 만약 불공평한 상황과 맞닥뜨린다면 수단 방법을 가리지 않고 끝까지 저항할 거야?"

이런 질문에 상대는 자신의 과거를 되돌아보고 아마도 이렇게 대답할 것이다.

"재미있다. 솔직히 한 번도 그런 생각해본 적이 없었는데 네가 그렇게 말하니까 …… 것 같아."

마음의 다락방에서 상대가 다시금 자신을 알아갈 기회를 제공하는 것이다.

어떤 이들의 마음의 다락방은 꿈과 상상이 가득한 공간이다. 예를 들어 상대에게 "어느 날 네 아이가 더 이상 네게 말대답을 하지 않는 다면 기분이 어떨 것 같아?"라고 물었을 때, 상대는 눈을 굴리며 잠시 생각에 잠긴 후 진심 어린 의외의 대답을 내놓을 것이다.

눈치챘는가? 각기 다른 유형의 마음의 다락방을 여는 열쇠가 모두 좋은 질문이라는 사실을 말이다.

이 밖에도 예전에 상대와 나눴던 대화나 상대가 했던 이야기를 통해 상대에게 처음과는 다른 느낌을 받았다면, 상대방 마음의 다락방을 여는 기술은 좀 더 깊이 있는 대화를 나눌 여지가 된다. 사람들에게는 저마다 겉으로 비치는 모습 외에 타인이 정말로 알아줬으면 하는 모습이 있기 때문이다.

"사람들은 보통 너를 매우 강한 사람이라고 생각하는데, 방금 네 이야기를 들어보니 사실은 네게도 연약한 부분이 있다는 걸 알았어"와 같이 자신의 관찰 결과를 상대와 공유해도 좋다. 상대가 줄곧 찾아 헤매던, 혹은 신경 쓰던 무언가를 찾아냈다면 그 느낌을 따라 대화하면 된다. 그럼 당신과 이야기를 나누는 사람은 단언컨대 당신을 잊지 못할 것이다.

오랫동안 사람들은 내 이름을 들으면 이렇게 말하곤 했다.

"아, 당신이 바로 류용 씨의 아들이군요!"

"오, 하버드대학을 졸업했다던데 대단해요! 그런데 어떻게 디제이가 됐죠?"

이런 꼬리표들은 나를 그림자처럼 따라다녔다. 그러던 어느 날, 어느 모임에 참가했다가 한 친구를 알게 되었는데 그는 나와 잠시 이야기를 나누더니 반짝이는 눈으로 날 바라보며 말했다.

"그렇게 많은 후광을 짊어지고 있어서 사람들에게 진정한 자신을 보여주기가 어렵겠어요?"

와! 이 한마디는 나의 마음속에 깊이 박혔고, 나는 마치 어떤 스위치가 켜진 듯 마음을 열고 대화 물꼬를 텄다. 나는 그에게 매우 고마웠다. 그가 진짜 나를 봐주었다고, 혹은 적어도 진짜 나를 알고 싶어 했다고 생각하기 때문이다.

우리 모두는 어느 정도 세상의 오해를 받고 있고, 그런 까닭에 모두 분명히 밝히고 싶어 하는 부분을 지니고 있으며, 다들 자신에게 달린 꼬리표를 찢고 싶어 한다.

우리 마음속 깊이 자리한 가치관과 생각, 태도는 우리가 나누는 모든 말에 숨어 있다. 겉모습 뒤에 실제로 어떤 모습이 숨어 있는지를 판단하기란 어려운 일이다. 어쩌면 자기 자신조차도 잘 알지 못한다. 그러므로 다른 사람의 마음에 다가갔다면 당신이 꼭 상대의 무엇을 더 알아서가 아니라 상대의 마음 깊숙이 숨어 있는 개성을

알고 싶다는 마음을 드러냈기 때문일 것이다.

　상대의 마음의 다락방에 들어가는 일은 결코 어렵지 않다. 다만 개인적인 선입견을 내려놓아야 한다. 인생은 본래 복잡하고 어려우며 모순적이다. 비판적인 태도를 버리고 상대의 다른 면을 볼 수 있는 사람과는 마음을 터놓을 친구가 될 만하다. 마찬가지로 당신 역시 제때 마음의 다락방을 열어 상대가 서먹함을 벗어나 마음과 마음을 나눌 수 있도록 해야 한다. 이러한 태도로 친구를 사귄다면 분명 좋은 인간관계를 맺을 수 있을 것이다.

　마음으로 상대를 대하고 감정이입으로 상대를 이해하며 진심으로 진심을 얻는 것. 이것이 바로 다른 사람의 마음속으로 들어가는 지름길이다.

누구나 당신의 목소리를 들을 수 있고,
모든 친구가 당신의 말을 알아들을 수 있다.
그러나 지기知己만이 당신의 말없는 마음을 읽을 수 있다.

_ 출처 미상

아름답게 마무리하는 법

　모든 대화에는 시작과 끝이 있다. 흉금을 터놓고 이야기를 나눴더라도 아쉬움을 안고 다락방을 떠나야 하는 순간은 오게 마련이다. 이럴 때 대화를 아름답게 마무리하고 싶다면 '나'와 '너'라는 단어 대신 '우리'를 사용해보라. 예컨대 "다음에는 네가 즐겁게 가격 흥정을 할 수 있었으면 좋겠다"라는 말 대신 "다음에는 우리 모두 즐겁게 가격 흥정을 할 수 있었으면 좋겠다"라고 말하는 것이다. 대명사를 살짝 바꾸는 것만으로도 여기에는 매우 중요한 의미가 담긴다. 대화를 나누는 과정을 통해 두 사람이 공감대를 형성했음을 나타내기 때문이다. 즉, '우리'라는 표현은 대화 당사자가 이미 같은 층의 다락방에, 같은 세계에 있음을 의미한다.

　누군가와 훌륭한 대화를 나눴다면 상대에게 다음과 같이 고맙다는 인사를 건네는 것도 잊지 말자.

"나와 그 이야기들을 공유해줘서 정말 고마워. 덕분에 다른 사람은 보지 못하는 너의 모습을 이해할 수 있었던 것 같아."

이와 함께 이번 대화의 요점이나 가장 재미있었던 부분을 기억해두면 다음에 만났을 때 다시금 친숙함을 불러일으키는 둘만의 비밀 언어가 되어줄 것이다. 당신이 언급한 지난번 대화의 키워드에 상대는 십중팔구 지난 기억을 떠올리며 유쾌함을 느낄 테니 말이다!

마음으로 이야기를 나누고, 마음으로 비계를 세우면 언제 어디서든 상대가 이야기 집을 지을 수 있도록 도와줄 것이다. 상대에게 받은 다락방의 열쇠를 잘 활용해 그들이 즐거운 마음으로 당신과의 다음 만남을 기대하게 만들어라. 이렇게 사람들과 교류하다 보면 좋은 인간관계라는 도시를 세울 수 있을 것이다.

인터넷이 발달한 오늘날 소통의 방법은 시공간을 초월해 넓어져만 가는데 그 깊이는 점점 얕아지고 있다. 그만큼 타인의 마음의 다락방에 들어갈 기회가 줄고 있는 게 현실이다. 물론 그렇다고 일반적인 대화를 프로그램 진행하듯 듣기 좋게, 감동적이게 해야 할 필요는 없다. 그러나 마음과 마음을 나누는 대화는 우리의 기분과 일상은 물론 우리 자신까지 변화시키는 힘이 있다. 우리가, 타인이 자신들의 이야기 집을 지을 수 있도록 도와주고, 그들의 이야기 속에서 더 많은 아름다움을 발견해야 하는 이유는 그래야만 자신의 작은 집을 커다란 성이라고 착각하지 않을 수 있기 때문이다.

세상에는 두 부류의 사람이 있다.
당신의 삶에 다가서며 "이봐, 나 여기 있어!"라고 외치는 사람,
그리고 당신의 삶에 다가서며 "아, 너 여기 있었구나!"라고
가볍게 감탄하는 사람이다.

_레일 라운즈

대화는 집짓기와 같다

우리의 인생은 그 자체만으로도 훌륭한 이야기가 된다. 그 때문에 진짜 소통의 고수는 마치 건축가처럼 상대가 자신만의 이야기 집을 지을 수 있도록 도와준다!

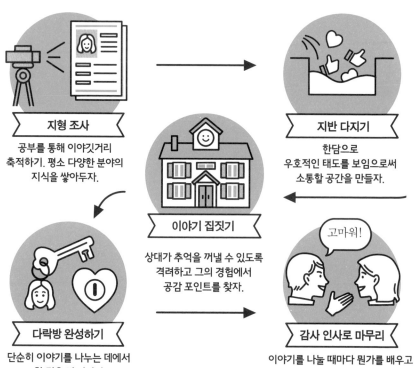

지형 조사
공부를 통해 이야깃거리 축적하기. 평소 다양한 분야의 지식을 쌓아두자.

지반 다지기
한담으로 우호적인 태도를 보임으로써 소통할 공간을 만들자.

이야기 집짓기
상대가 추억을 꺼낼 수 있도록 격려하고 그의 경험에서 공감 포인트를 찾자.

다락방 완성하기
단순히 이야기를 나누는 데에서 한 걸음 더 나아가 마음속 생각이나 가치관을 나누자.

감사 인사로 마무리
이야기를 나눌 때마다 뭔가를 배우고 깨닫게 되는 법이니, 상대에게 이에 대한 고마움을 표현하자.

서로의 마음의 다락방에 들어가
이야기와 마음을 나누며
인생의 다양한 아름다움을 배우자.

Chapter 4

사랑이 찾아오게 만드는 법

심리학이 더해준 연애운

10여 년 전 심리학을 이용해 여성에게 소위 작업을 거는 방법을 연구 개발한 미국 남성들이 있었다. 그들은 남성이 번식 조건이 뛰어난 여성, 즉 아름답고 몸매가 좋은 여성에게 매력을 느끼는 반면, 여성은 강력한 카리스마를 지닌 리더형 남성에게 매력을 느낀다며 이는 일종의 본능이라고 지적했다. 그렇기 때문에 심리적인 전술을 잘만 활용하면 여성의 잠재의식 속에 존재하는 레이더의 스위치를 켜 당신을 만나볼 가치가 있는 그 리더형 남성으로 인지하게 만들 수 있으며, 더 나아가 당신을 사랑하게 만들고, 당신의 관심을 얻기 위해 서로 질투 작전을 펼치게 할 수도 있다고 주장했다.

그들이 말한 전술이란 무엇이냐? 그 내용은 대략 다음과 같다.

• 공작새가 꼬리를 펼쳐 자신을 뽐내듯 화려한 의상으로 타인의 이목을

집중시켜라.

- 친구와 허물없이 이야기를 나눌 때처럼 어깨동무를 한다든지, 박수를 치며 호응을 하는 등 조금은 과장된 제스처로 자신의 위엄을 드러내라.

- 여성과 이야기를 나눌 때에는 여성이 문을 등지고 설 수 있는 위치를 선택하라. 그러면 다른 여성들이 안으로 들어올 때 이성과 대화를 나누고 있는 당신을 주목하게 되고, 은연중에 당신이 아닌 당신과 대화를 나누고 있는 그녀가 먼저 당신을 찾았을 것이라는 생각을 갖게 되면서 자연스레 '리더' 이미지를 구축할 수 있다.

- 아름다운 여성을 발견했다면 그녀의 비위를 맞추려 노력하기보다 그녀의 옷차림이나 외모를 지적하라. 칭찬에 익숙한 미인들에게는 지적하는 쪽이 오히려 더 강렬한 인상으로 남을 수 있다. 물론 지적을 당한 당사자는 불쾌해하겠지만 그녀 주변의 다른 여성들은 속으로 통쾌해하며 당신을 치켜세울 것이다. 그러면 미인은 당신을 사로잡아 자신의 자존심을 지키겠다는 생각으로 오히려 당신에게 구애를 펼칠 수 있다.

이게 무슨 시답잖은 얘기인가 싶을지도 모르지만 실제로 아직 세상 물정을 잘 모르는 소녀들에게는 나름 꽤 '먹히는' 방법이었다. 자칭 픽업아티스트Pick-Up Artist, 일명 PUA라는 남성들은 일련의 실전 훈련을 거친 후 인터넷에서 사람을 모집해 함께 클럽으로 헌팅을 하러 출동했고, 그중 원로급 PUA였던 닐 스트라우스는 그 몇 년간의 연애담을《더 게임: 발칙한 남자들의 위험하고 도발적인 작업이 시작된다》라는 제목의 자서전으로 엮기까지 했으니 말이다. 참고로 이 책은 〈뉴욕타임스〉 선정 베스트셀러에 등극했고, TV 프로그램과

영화로까지 제작되면서 전 세계 집돌이들의 열렬한 지지를 받았다.

그 후 여러 해가 지나고 기혼자가 된 스트라우스는 《진실》이라는 또 한 권의 자서전을 펴냈다. 이 책에서 그는 픽업아티스트로 활동하면서 화려한 날들을 보내기는 했지만 이 때문에 왜곡된 가치관을 갖기도 했었다고 솔직하게 인정했다. 모든 여성을 사냥감으로 여기며 매일 밤 육체적 쾌락만을 좇은 결과 자신에게 남은 것은 공허함뿐이었다는 고백과 함께 말이다. 그는 그런 자신이 싫어 깊은 우울감에 빠지기도 했지만 결과적으로 영혼의 동반자를 만나 진정한 사랑과 이성에 대한 존중을 배우게 되었고, 그제야 비로소 건강하고 평등한 남녀관계를 유지할 수 있었다고 말했다.

내가 왜 이런 이야기를 꺼냈느냐?

혹시라도 '심리학이 더해준 연애운'이라는 제목을 보고 내가 픽업아티스트의 심리전술처럼 얕은꾀를 늘어놓는 것이 아닐까 의심하는 이들에게 단언컨대 그렇지 않다는 말을 하기 위해서다. 만에 하나 애정전선에서의 필승전략이 정말 존재한다 해도 나는 배울 필요가 없다고 말할 사람이다. 첫째, 소위 전략이라는 그 방법들은 당신을 느끼한 사람으로 만들 테고, 둘째, 문화 차이 때문에 구미에서 통하는 방법이 아시아에서도 통하리라는 법은 없을뿐더러, 셋째, 얕은 수작으로는 불장난 정도의 관계밖에 맺을 수 없기 때문이다.

요즘은 만남의 방식도 많이 달라졌다. 앱 스토어에서 틴더 같은 데이팅 앱을 다운받으면 단 몇 번의 터치만으로 친구를 사귀고 싶은 사람, 대화를 나누고 싶은 사람, 데이트를 하고 싶은 사람, 즉석 만남을 원하는 사람들의 목록을 실시간으로 확인할 수 있다. 그러나 만남의 기회가 많아진 만큼 '좋은 상대'를 만나기란 더 어려워진 게 사실이다.

'좋은 상대'와 정말 좋은 관계를 맺으려면 서로에 대한 존중과 긍정적 상호작용이라는 조건을 충족해야 한다. 물론 불장난이 일시적인 짜릿함을 선사할지도 모른다. 그러나 뒷수습을 해야 할 때가 되면 그 불장난이 얼마나 위험한 일이었는지를 깨닫게 될 것이다.

인터넷이나 데이팅 앱을 통한 만남의 장점은 상상의 여지가 크고 원거리에서도 감정을 쌓아갈 수 있다는 것이다. 그러나 사람과 사람 사이의 관계에는 결국 얼굴을 마주하고, 직접 부딪치며, 서로에게 적응하는 시간이 필요하다. 따라서 이번 챕터에서도 맨투맨 상황에 중점을 두고 이야기해보려 한다. 부디 나의 조언들이 진짜 당신을 알아주고, 또 있는 그대로의 당신을 사랑해줄 누군가를 만나는 데 도움 되길 바란다. 그리고 명심하라. '좋은 사람'과의 인연을 만들기 위해서는 누구에게나 평등한 태도와 자신감, 포용력을 잃지 말아야 한다.

진실한 사람은 사랑을 핑계로 무례하게 굴지 않는다.
우리가 애초에 누군가를 사랑하는 이유는
그를 존중할 만한 인품을 지닌 사람이라고 생각하기 때문이다.
_장 자크 루소의 《에밀》 중

외모로 사람을 평가하면 안 될까?

우리는 흔히 '외모로 사람을 평가하면 안 된다'고 말한다. 그러나 가슴에 손을 얹고 자문해보라. 남녀 불문하고 SNS를 둘러볼 때 예쁘고 잘생긴 사람의 SNS에 먼저 눈이 가지 않던가? 한 통계에 따르면 데이팅 앱에서 메시지를 보낼 상대를 선택할 때, 열에 아홉은 상대의 프로필 사진 밑에 적힌 자기소개가 아니라 프로필 사진을 선택 기준으로 삼는다고 한다.

사실, 외모로 사람을 평가하는 것은 지극히 피상적이지만 본능적인 행동이다. 진화심리학Evolutionary Psychology 관점에서 아름다운 외모는 건강하고 '우월한 유전자'의 동의어나 마찬가지이기 때문이다. 예컨대 대칭을 이루는 이목구비나 탄탄한 근육, 생기 있는 눈, 윤기 나는 모발과 피부, 이 모든 것이 우리의 기본 심미적 조건을 구성한다.

미국 최대 온라인 데이팅 사이트인 오케이큐피드OKCupid가 유저의 빅데이터를 분석해 성별에 따라 선호하는 프로필 사진이 다르다는 결과를 발표한 적이 있는데, 그 내용은 대략 다음과 같았다.

카메라 렌즈를 응시하지 않고 찍은 여성의 사진은 좋은 점수를 받지 못했지만, 남성의 사진은 오히려 높은 점수를 받았다. 애완동물과 함께 찍은 남성의 사진에는 많은 가산점이 주어진 반면, 여성의 사진에는 그리 많은 가산점이 주어지지 않았다. 또한 침대를 배경으로 찍은 여성의 사진에 많은 남성의 '좋아요'가 쏟아진 반면, 여성들은 유명 자동차가 배경으로 등장한 남성의 사진에 '좋아요'를 눌렀다. 이러한 결과가 무엇을 암시하는지는 굳이 말하지 않아도 알 것 같지 않은가!

한편, 남녀 모두 높은 선호도를 보인 프로필 사진에는 다음과 같은 몇 가지 특징이 있다.

- 암벽등반, 요리, 승마, 카레이싱 등 재미있는 일상이 담겨 활기 넘치는 자신을 드러내는 동시에 같은 취미를 가진 사람들의 관심을 이끌어낼 수 있는 사진
- 친구들과 함께 환하게 웃으며 찍은 사진 등 원만한 인간관계가 드러나는 사진
- 가족과의 즐거운 한때가 담긴 사진처럼 개인의 가정적인 면모와 정상적인 가정의 일원임이 드러나는 사진
- 자신의 몸매를 가감 없이 드러낸 전신 사진

사이트 통계에 따르면 이상의 몇 가지 특징에 부합하는 사진을 프로필로 내건 유저가 실제로 이성의 관심과 연락을 많이 받았다고 한다. 물론 그렇다고 해서 일부러 친구들과 다정한 모습을 연출한다거나 가족과 애완동물을 총동원해 사진 찍을 필요는 없다. 누가 뭐래도 가장 중요한 건 '진정성'이니 말이다.

심리학에서는 자신을 꾸며 좋은 이미지를 만들려는 행위를 인상관리Impression Management라고 칭한다. 일찍이 1946년, 심리학자 솔로몬 애쉬는 한 연구를 통해 인상관리의 중요성에 대해 언급하기도 했다. 그의 연구 결과에 따르면 인간은 사교 활동을 통해 서로에게 '낙관적', '적극적', '반항적', '재미없음'과 같은 '첫인상 꼬리표'를 붙이는데, 이렇게 처음 입력된 정보는 나중에 습득하는 정보보다 더 강력한 영향력을 발휘한다. 심리학자들은 이렇게 우리가 타인에게 부여하는 '꼬리표'를 크게 두 분류로 나눈다. 타인에 대한 '정감', 즉 '우호도'에서 비롯되는 꼬리표와 지적 능력을 반영하는 '능력치'에 대한 꼬리표가 바로 그것이다.

흥미로운 점은 우리가 보통 이 두 가지 분류의 특징을 서로 반대되는 개념으로 생각한다는 사실이다. 다시 말해서 타인에게 친절한 사람은 능력이 부족할 거라 여기고, 능력 있어 보이는 사람은 함께 어울리기 힘든 상대로 생각한다는 뜻이다. 물론 상대는 조금 억울하겠지만 어쩌면 이는 자기 위안을 위한 우리 나름의 시스템이 작동한 결과인지도 모른다. 어쨌든 사람은 누구나 장점이 있으면 단점이 있게 마련이고, 세상에 완벽한 사람은 없으니 말이다.

이 흥미로운 배타적 관계는 사실 우리에게 큰 기회를 제공하기도 한다. 자신의 상황을 역으로 이용할 수 있는 바로 그런 기회 말이다. 예컨대 천성이 착하고 무던해 능력이 없어 보이기 쉬운 사람이라면 역으로 자신의 능력을 펼쳐 보이면 되고, 유려한 말솜씨 때문에 만만찮은 상대라는 인상을 주는 사람이라면 온화함과 살가움을 드러내면 된다. 그러면 상대는 이를 반전 매력으로 느끼게 될 것이다.

초점 효과 활용하기

효과적인 인상관리를 위해서는 자신의 완벽함을 드러내는 것도 중요하지만 자신만의 독특함을 보여줄 필요가 있다.

사람과 사람 사이에 비교는 불가피하다. 두 사람의 조건이 크게 차이 난다면 군이 비교할 필요 없이 쉽게 선택할 수 있겠지만 조건이 비슷하거나 각자의 장점이 뚜렷한 경우라면 얘기가 달라진다. 문제는 우리가 이성적으로 분석하려 하면 할수록 망설임이 커진다는 점이다. 오래 생각할수록 생각이 많아지고, 생각이 많아질수록 결정이 어려워져 결국 '아, 귀찮아. 둘 다 필요 없어!' 하며 선택을 포기할지도 모를 일이다.

이러한 상황을 '분석 마비Analysis Paralysis'라고 하는데, 이 심리적 모순을 '선택의 역설The Paradox of Choice'이라고 한다. 사람은 누구나 다양한 선택권이 주어지는 것을 좋아하지만, 지나치게 많은 선택지는 우리를 교착 상태에 빠뜨리기도 한다. 이는 배우자를 선택할 때에도 마찬가지다. 여성이라면 잘생긴 남성들이 자신을 여신으로 떠받들어주는 상상을 한 번쯤 해봤을 것이다. 그러나 잘생긴 남성들이 동시에 사랑을 고백해 온다면? 친구의 집으로 달아나 숨고 싶어질지도 모를 일이다. 선택하기가 너무 어려울 테니 말이다!

그렇다면 어떻게 해야 그 많은 사람 중에서 단연 돋보이는 존재가 될 수 있을까? 먼저 미국 노스웨스턴대학교의 한 연구 결과를 살펴보자.

연구진은 소비자들에게 가구 카탈로그에 실린 두 종류의 소파 베드 중 마음에 드는 하나를 선택하도록 했다. 하나는 푹신하고 편안하지만 상대적으로 내구성이 떨어지는 모델이었고, 다른 하나는 다소 딱딱한 편이지만 내구성이 좋은 모델이었다. 그 결과 58퍼센트의 사람들이 내구성이 좋은 딱딱한 소파 베드를, 42퍼센트의 사람들이 푹신한 소파 베드를 선택했다.

뒤이어 연구진은 소파 베드의 모델을 두 개 더 추가했다. 추가한 모델은 58퍼센트의 사람들이 선택했던 '내구성이 좋은 모델'에 가까웠다. 그리하여 내구성이 좋은 소파 베드를 선택하는 데 선택의 폭이 넓어지고, 푹신하지만 내구성이 떨어지는 모델은 단 하나가 되었다.

결과는 놀라웠다. 앞서 42퍼센트의 사람들이 선택했던 푹신한 소파 베드가 무려 77퍼센트의 사람들에게 선택을 받으며 단순한 역전승을 넘어 그야말로 압승을 거둔 것이다!

대체 왜 이 같은 결과가 나온 걸까? 푹신한 소파 베드와 딱딱한 소

파 베드는 사실 처음부터 각자의 장단점이 분명했다. 그러나 딱딱한 소파 베드와 비슷한 선택지가 많아지자 오히려 사람들은 푹신한 소파 베드의 다름에 주목하게 된 것이다. 인간은 자신이 관심 있는 부분을 확대해 이에 과도하게 중요성을 부여하는 경향이 있는데, 바로 이러한 경향이 선택에 영향을 미쳤다고 할 수 있다. 심리학자들은 이를 '초점 효과Perceptual Focus Effect'라고 말한다.

바꿔 말해서 다른 사람이 당신의 남다름을 발견했을 때, 이에 깊은 인상을 받고 더 나아가 당신에게 호감을 가질 가능성이 커진다. 쉽게 얘기하자면 친구들은 모두 모델인데 당신은 보통 키에 평범한 외모를 지녔다? 그럼 친구들과 외모 경쟁을 할 것이 아니라 그들과는 다른 특징을 드러내라는 뜻이다. 마찬가지로 내로라하는 재력가들이 모이는 자리에 참석해야 하는데 당신은 그저 중산층일 뿐이라면? 일부러 부자인 척할 것이 아니라 문학이나 역사에 대한 조예, 다독으로 쌓은 지식, 요리 실력 등 비물질적인 특징을 드러내라. 살다 보면 자신과 맞지 않는 자리에 참석해야 할 상황이 생기게 마련이지만 그렇다고 해서 주눅이 들 필요는 없다. 그럴 때에는 남들과 다르기 때문에 더 주목받을 기회가 생기는 거라고 자기 자신을 다독여라. 마음을 편히 가지면 자연스럽게 당신의 매력이 발산될 것이다.

이를 위해서는 평소에 자신의 다름을 받아들이는 법을 배워야 한다. 어쩌면 당신은 당신의 주근깨와 다른 사람보다 검은 피부색을 콤플렉스로 여길지 모른다. 그러나 이는 당신이 운동을 사랑한다는 증거로 오히려 당신의 특징이 될 수 있다. 진심으로 자신을 사랑하고 있는 그대로의 자신을 받아들일 때 당신의 특징들을 아끼고 좋아해주는 진정한 반쪽을 만날 수 있다.

아무리 찾아봐도 자신의 특별한 점을 찾지 못하겠다면? 그래도 너무 걱정할 필요는 없다. 당신에게 필요한 건 함께 자리한 사람보다 조금 더 다정하고, 조금 더 따뜻한 모습일 뿐이니 말이다. 사람들에게 다정하고 긍정적인 것 같다는 느낌을 주면 그들은 이에 집중할 것이고, 그럼 남보다 뛰어나지 않아도 자체 발광하지 않아도 좋은 인상을 남길 수 있다.

이는 내가 직접 경험한 사실이니 믿어도 좋다!

10여 년 전, 타이완으로 돌아온 지 얼마 되지 않았을 때 외국인 친구들의 초대를 받아 그들이 주최하는 핼러윈파티의 DJ를 맡은 적이 있었다. 그들은 파티에 참석하는 사람들 모두 코스튬플레이를 하고 올 테니 의상 대여점에라도 가서 제대로 변장을 하고 오지 않으면 쫓아낼 거라며 장난스럽게 으름장을 놓았다.

그날 나는 폭탄머리 가발에 초등학생이 입는 체육복을 찾아 입고 검은 테의 공부벌레 안경을 썼다. 그랬다. 나는 어린 시절의 나로 변신했다. 아나나 다를까 그날 밤 파티에 참석한 손님들은 다들 공들여 치장을 한 모습으로 분위기를 달궜다. 나는 디제이 자리에서 노래를 틀었고 사람들은 그 아래에서 신나게 춤을 췄다. 그때 스웨터에 청바지를 입고 있는 한 여성이 눈에 들어왔다. 그녀는 옆쪽에서 음악에 맞춰 춤을 추고 있었다. 파티에 참석한 사람들 중 유일하게 변장을 하지 않은 사람인 데다 확실히 눈에 띄는 외모라 유독 도드라져 보였다. 나는 평소답지 않게 먼저 그녀한테 말을 건넸다.

"안녕하세요! 그렇게 입고 있으면 안 더워요?"

나의 질문에 그녀는 답했다.

"더워요! 그런데 안에 속옷밖에 안 입어서!"

그녀의 솔직함에 오히려 당황한 쪽은 나였다. 그녀와 이런저런 이야기를 나누며 알게 된 사실은 그녀가 입담이 좋고 똑똑한 데다 당시의 나와 마찬가지로 광고 회사에서 일한다는 것이었다. 그녀는 원래 파티에 참석할 계획이 없었다고 했다. 그러면서 영어 통역이 필요한 친구에게 이끌려 갑작스럽게 오긴 했지만 기왕 왔으니 즐길 생각이라고 말했다. 이후 나는 음악을 틀기 위해 다시 DJ 자리로 돌아갔고, 파티가 끝나 음반을 정리하며 돌아갈 준비를 할 즈음 한쪽에서 쉬고 있는 그녀를 발견했다. 순간 나는 충동적으로 그녀에게 다가가 그녀의 전화번호를 물었다.

그녀가 바로 지금의 내 아내이자 내 두 아이의 엄마이다!

핼러윈파티에서 코스튬플레이를 하지 않고도 전혀 어색해하지 않던 그 모습이 나의 시선을 끌어당겼고, 그녀의 자유분방함이 나의 마음을 사로잡았다.

애정전선에서 승리하는 비결도 이와 같은 맥락이다. 잘 맞지 않는다 해도 걱정할 것 없다고 자기 자신을 다독여라. 때로는 망신을 당하는 순간도 남다를 수 있는 기회가 된다!

필승의 첫마디

멜로영화 중 걸작으로 손꼽히는 〈비포 선라이즈〉! 아마도 많은 사람이 이 영화를 봤을 것이다. 영화 속 여자 주인공은 기차 안에서 부부싸움을 벌이는 시끄러운 독일 커플을 피하려 자리를 옮기다가 남자 주인공을 만난다. 당시 남자 주인공이 여자 주인공에게 건넨 첫마디는 이랬다.

"저 부부가 왜 싸우는지 알아요?"

이렇게 시작된 남녀 주인공의 이야기는 두 편의 후속편으로 이어졌다.

그러나 현실 속 대부분의 남녀는 이 같은 상황에 눈빛이나 미소 등을 주고받을 뿐 십중팔구 그 이상의 교류를 이어가지 못하고 목적지에 도달해 그렇게 인연을 끝내고 만다.

누구를 만나든 상대를 알려면 먼저 소통해야 한다. 그러나 소통을 시작하기란 그리 쉬운 일이 아니다. 대체 어떻게 하면 좋을까? 사회심리학 분야의 관련 연구 결과에 따르면 말을 붙일 때의 스타일을 크게 세 유형으로 나눌 수 있다고 한다.

첫 번째는 "혹시 제가 죽은 건가요? 아니라면 왜 천사가 보이죠?", "방금 지진이 일어났었나요? 아니면 당신이 내 마음을 흔든 건가요?", "저, 실례지만 사진 한 장 찍어도 될까요? 그래야 제 생일 선물로 뭘 갖고 싶은지 알 수 있을 것 같거든요" 등과 같은 작업 멘트형Flippant이다.

두 번째는 "많이 생각해봤는데 그래도 용기를 내서 당신에 대해 알아보기로 했어요.", "이름이 어떻게 되는지 알 수 있을까요?", "제 친구가 되어주실래요?"와 같은 단도직입형Direct이다.

세 번째는 품위 유지형Innocuous으로, 예컨대 "지금 나오는 노래 어때요?", "어디서 뵌 분 같은데 혹시 같은 학교 출신인가요?", "오늘 날씨 참 좋죠?" 등을 예로 들 수 있다.

'작업 멘트형' 첫마디는 아마 대부분의 사람이 쉽게 입 밖으로 내지 못하지 싶다. 자연스럽게 말을 하기도 어려울뿐더러 장난스러운 느낌이 크기 때문이다. '단도직입형' 첫마디 역시 나쁘지는 않지만 꽤 큰 용기가 필요하다. 한편 내성적인 사람에게 가장 적합하다고 할 수 있는 '품위 유지형'도 약간의 억지스러움은 있다. 그렇다면 대체 어떤 첫마디가 가장 효과적일까?

통계에 따르면 상대가 받아줄 확률이 가장 높은 첫마디로 단도직입형이, 그다음으로 품위 유지형이 꼽혔다. 작업 멘트형 첫마디는 실패할 확률이 가장 높았지만 상대를 잘 만나면 오히려 가장 강력한 효과를 드러낸 것으로 나타났다. 사실, 모든 첫마디에는 그에 맞는 사용 조건이 있다. 단도직입형을 선택한다면 자신감 있는 시선 처리로 상대가 당신의 진심을 느낄 수 있도록 해야 하고, 품위 유지형을 선택한다면 화제를 이어갈 수 있어야 한다. 상대가 일시적으로 반응을 보이지 않는다고 그냥 포기해서는 안 된다는 뜻이다.

그렇다면 작업 멘트형 첫마디의 필승 키포인트는 무엇일까? 솔직히 넘치는 자신감과 잘생긴 외모를 지닌 남성이라면 그것이 곧 키포인트가 되지 않을까 싶지만, 연구 결과에 따르면 이러한 첫마디는 클럽이라든지 술집과 같은 장소에서 가벼운 인연을 찾는 사람들에게 매력으로 작용할 확률이 높은 편이라고 한다.

이상의 연구 결과는 모두 남성이 여성에게 말을 건넬 경우로 반대의 상황, 즉 여성이 용기를 내어 먼저 말을 걸면 남성은 보통 그에 호응을 해주는 것으로 드러났다.

마음에 드는 사람을 발견했는데 도통 말재주가 없어서 뭐라 말을 건네야 좋을지 모르겠다면 상대의 옷차림이나 액세서리 등을 화제로 삼아보라. 예컨대 상대가 뉴욕 닉스 팀의 모자를 쓰고 있다면 다음과 같이 질문을 던져볼 수 있다.

"그쪽도 닉스 팬이세요? 제레미 린이 아직 닉스에 있었다면 어땠을까요?"

상대가 어느 브랜드의 한정판 운동화를 신고 있다면 이렇게 물어도 좋다.

"와, 그 운동화 구매하려고 줄 한참 서셨죠? 진짜 대단하시다!"

상대에게서 발견한 특징을 자신이 알고 있는 지식이나 경험과 연

계하면 이야기를 나누기가 한결 쉬워진다.

마지막으로 런던대학교에서 진행한 한 연구 결과를 소개하겠다.

연구진이 통계를 분석해 성공률이 가장 높은 첫마디를 찾았는데 그게 뭔지 알겠는가? 그 말은 바로 "안녕하세요!"였다.

그렇다. 그렇게 간단한 한마디였다! 어떻게 보면 전혀 의외의 결과는 아니다. 중요한 건 무엇을 말하느냐가 아니라 자연스러움이기 때문이다. 미소를 머금고 진심으로 상대에게 다가갈 때, 상대는 당신의 우호적인 접근을 받아들여 적어도 예의상의 대답을 해줄 것이다. 만약 상대가 당신이 건넨 인사에 대꾸하지 않았다면 그건 당신이 아닌 그 사람의 문제다. 당신을 알아갈 기회를 놓친 건 그 사람의 손해일 테니 말이다!

여운이 남는 복선 깔기

미국 스탠퍼드대학교에서 약 1천 쌍의 남녀를 대상으로 데이트를 할 때 나누는 대화와 데이트 이후 서로에 대한 호감도 변화를 분석한 적이 있는데, 서로에게 호감을 갖는 데에는 단 4분이면 충분하다는 결과가 나왔다.

그렇다면 그 짧은 시간 안에 호감을 얻어낼 수 있었던 말은 무엇일까?

첫 번째는 바로 "와, 정말 대단하시네요!", "축하해요! 정말 잘됐네요!", "다음에 시간 되면 제 요리 비법 몇 가지를 알려드릴게요"와 같이 칭찬 또는 고마움을 전하는 말이었다.

두 번째는 "고양이가 세상을 떠나 마음이 많이 안 좋을 텐데 제가 커피 한잔 살게요.", "가족들 보살피랴, 일하랴, 자신의 즐거움을 찾기가 쉽지 않겠어요!"와 같이 공감을 표현하는 말이었다.

한편, 서로의 말을 가로채는 과정에서도 의외로 호감을 얻을 수 있는 것으로 나타났다. 다만 이는 특별한 경우로, 반드시 깊은 공감이 전제되어야 한다. 다시 말해서 상대가 원래 하려던 말을 대신 해 주고 싶은 생각에 자신도 모르게 상대의 말을 끊는 경우여야 한다는 뜻이다. 이때 마침 상대가 하려던 말을 맞춘다면 바로 마음의 문을 열고 대화를 나눌 수 있다!

한스: 정말 이상한 거 알아요?

안나: 뭐가요?

한스: 우리는 서로……

안나: 통해요.

한스: 내 말이 그 말이에요!

안나: 이렇게 마음이 맞는 사람은

안나 · 한스: 본 적이 없어요.

안나 · 한스: 찌찌뽕! 찌찌뽕!

안나 · 한스: 우리가 이렇게 잘 맞는 이유는 한 가지뿐이죠.

안나 · 한스: 우리는 운명이에요.

한스: 당신과!

안나: 나!

한스: 결심!

안나: 결심!

안나 · 한스: 했어요!

이는 애니메이션 영화 중 역대 최고 흥행 기록을 세웠던 〈겨울왕국〉 속 한 장면이다. 안나 공주가 한스 왕자에게 첫눈에 반했을 때 두 사람은 이 'Love is an Open Door'라는 노래를 주거니 받거니 하며 함께 부른다. 서로의 노래를 끊고 끼어들며 그렇게 2분간 노래하는 부분에서 관객들은 그들의 감정이 고조되고 있음을 느낀다.

생각해보라. 어떤 사람을 만나 이야기도 얼마 나누지 않았는데 상대가 당신의 마음을 헤아리며 당신이 하려 했던 말을 대신한다면 그를 사랑하지 않을 수 있겠는가?

'독심술'을 한 것처럼 마음이 딱 들어맞는 사람을 만나는 건 결코 불가능한 일이 아니다. '적극적인 경청'의 기술을 통해 한껏 감정이입을 한 상태라면 얼마든지 서로의 문장을 대신 완성할 수 있다.

> 우정은 바로 이 한마디에서 시작된다.
> "뭐! 너도? 별종은 나 하나인 줄 알았는데!"
> _ C. S. 루이스

오늘 누군가와 처음 만나 한창 즐겁게 이야기를 나눴는데 이제 남은 시간이 별로 없다고 가정해보자. 이럴 경우에는 다음 만남을 위해 가벼운 농담으로 재미있는 복선을 깔아두는 게 좋다.

내 친구는 외국인들이 모이는 어느 모임에서 한 남성을 알게 되었다. 그날 두 사람은 마침 여행에 대해 이야기를 나눴고 내 친구는 이렇게 말했다.

"그거 알아요? 독일인은 유독 흰 양말에 버켄스탁 슬리퍼를 즐겨 신는 거?"

두 사람은 현장에서 독일인을 찾아 그 말의 진위 여부를 확인하기까지 했다.

그 후, 두 사람이 다시 만났을 때 친구는 말했다.

"이런 우연이! 얼마 전에 버켄스탁 가게를 지나가다가 그쪽 생각했었거든요!"

그러자 상대 남성은 그녀에게 이렇게 말했다.

"안 그래도 오늘 독일인을 세 명이나 봤어요!"

이렇게 자신들만의 공감대를 형성한 두 사람은 단번에 사이를 좁혔다. 이것이 바로 다음 만남을 위해 미완의 화제를 남겨야 하는 이유다. 마치 TV 드라마의 엔딩이나 대선 또는 운동경기의 결말처럼 말이다. 이러한 것들이 두 사람만의 암호가 되면 다음에 다시 만났을 때 이와 관련된 이야기들로 자연스럽게 대화를 이어갈 수 있다.

사람을 사랑에 빠뜨리는 36가지 질문

심리학자 아서 아론은 지난 1997년 〈성격 및 사회 심리학지Journal of Personality and Social Psychology〉에 사람을 사랑에 빠뜨리는 36가지 질문에 대한 연구 결과를 발표했다. 준비한 36가지의 질문을 주고받으며 친밀감을 형성하는 실험을 진행한 결과였다. 해당 결과에 따르면, 36가지의 질문을 주고받은 후 서로의 눈을 3분간 응시하면 어느새 상대와 사랑에 빠지게 되었다고 한다.

정말 그렇게 효과적일까? 내 주변 친구들을 포함해 이미 많은 사람이 시도를 해봤고, 또 인터넷에는 관련 다큐멘터리까지 올라와 있는데 정말로 그들은 모두 커플이 되었다고 한다! 대체 무슨 원리이기에 이런 마법 같은 결과가 나오는 걸까?

36가지 질문 중 몇 가지를 살펴보자.

질문 ① 이 세상 누구와도 저녁 식사를 할 기회가 주어진다면 누구를 저녁 식사에 초대하고 싶나요?

질문 ② 유명해지고 싶나요? 그렇다면 어떤 식으로 유명해지고 싶은가요?

질문 ⑫ 당신이 내일 일어났을 때 초능력 한 가지를 얻을 수 있다면 어떤 능력을 가지고 싶은가요?

질문 ㉚ 마지막으로 다른 사람 앞에서 눈물을 보인 적은 언제인가요? 혼자 울었던 것은 또 언제인가요?

이 질문들에는 다음과 같은 특징이 있다.

첫째, '예', '아니요'로 대답할 수 있는 단답형 질문이 아니라 비교적 완전한 대답을 요하는 개방적 질문이다.

둘째, 추상적이고 가벼운 질문으로 시작해 갈수록 질문 강도가 높아져 상대의 마음을 들여다볼 수 있는 질문으로 바뀐다.

셋째, 두 사람의 대화가 깊어질수록 상대에게 속마음과 가치관을 이야기하게 되고, 거의 마지막 질문에 도달할 즈음에는 자신의 약점이라고 할 지극히 개인적인 이야기까지 털어놓게 된다. 이쯤 되면 상대와 사랑에 빠지지 않기도 어렵다. 이는 본래 연애를 하기 위해 마음을 나누는 과정을 36가지의 질문에 농축해놓은 것이기 때문이다!

더 나아가 이 연구는 일상적인 대화와 의미 있는 자아개방Self Disclosure이 무엇인지를 구분했다. 심리학자들은 자신을 의미 있는 개체로 인식하고 진심으로 자신이 중요하다고 생각하는 것, 또는 친한 사람에게만 할 수 있는 이야기를 누군가와 함께 나누는 것을 올바른 자아개방이라고 말한다. 이런 의미 있는 대화를 통해 조금씩, 조금씩 자신을 드러내다 보면 양측은 더욱 친밀한 사이가 된다.

아서 아론의 36가지 질문은 자신의 내면을 끄집어내는 흥미로운 기술을 응용한 것으로, 우리 역시 이와 같은 논리를 이용해 대화를 주도할 수 있다. 예컨대 방금 알게 된 친구에게 "당신에게 인생에서 가장 중요한 건 뭔가요?"라는 질문을 던지는 사람은 없을 것이다. 그러나 이렇게 물어볼 수는 있다.

"만약 이번 주 토요일에 커다란 운석이 지구와 충돌해 인간이 공룡들처럼 멸종하게 될 거라는 사실을 알고 있다면 남은 시간 동안 어떤 일을 가장 하고 싶을 것 같아요?"

연애는 곧 상대의 마음을 알아가고 그 마음을 사랑하는 과정이다. 작은 기술을 활용해 흥미로운 질문을 던질 줄 아는 사람은 대화를 재미있게 만들고, 또 그만큼 깊은 인상을 남긴다. 그러기 위해서는 약간의 연습이 필요하다. 보통 사람이 한 번에 36가지의 질문을 모두 던지기란 쉽지 않기 때문이다. 그러나 이 질문들 중에서 특별히 마음에 드는 몇 가지를 골라두었다가 다음에 다른 사람을 만날 때 활용해본다면 어색함을 눈 녹이듯 녹일 수 있을 것이다.

호흡 맞추기

여러 연구에 따르면 사람들은 어떤 일을 함께 완료할 때 호감도가 상승한다고 한다. 예컨대 함께 산 정상까지 등반을 해 성취감을 느낀다거나, 요리 수업에 등록해 맛있는 음식을 만들면 일석이조의 효과를 누릴 수 있다. 실제로 어렵고 시간이 많이 드는 리포트를 함께 작성한 후 썸이 시작되는 학생이 많은 걸 보면 확실히 신빙성 있는 결과임에 틀림없다.

다만, 여기서 반드시 짚고 넘어가야 할 한 가지가 있다. 바로 누군가와 어떤 일을 함께할 때에는 자신의 실력을 과시하는 데 급급해서는 안 된다는 점이다. 많은 사람이 이 부분을 착각해 데이트를 통해 자신의 능력을 드러내려고 하는데, 데이트에서 중시해야 할 것은 즐거운 상호작용과 마음을 나누는 시간이다. 그러니 자신의 우월함을 드러내는 데 급급해하지 말고 함께 손발을 맞춰가라.

　실제로 '서로 같은 동작Moving Together'을 할 때 호감도를 높인다는 심리학 연구 결과가 있다. 이 연구는 독일에서 4세 아동을 대상으로 진행되었는데 연구진은 서로 모르는 사이인 아동들에게 음악에 맞춰 함께 노래와 춤을 추게 했다. 그런 다음 협력이 필요한 게임을 진행했는데 함께 춤을 춘 아이들은 새로 사귄 친구들에게 좀 더 적극적인 도움을 주려 한 반면, 함께 춤을 추지 않고 그냥 놀이에 참여한 아이들 중 협력 의사를 표현한 친구들은 춤을 춘 아이들보다 3배 이상 적은 수준이었다.

　아이들도 이러할진대 어른들이라고 다르겠는가? 함께 춤을 추고, 산책을 하고, 스포츠 팀을 응원하며, 서로의 동작을 맞춰갈 때 사람 사이에는 묘한 호감이 싹튼다. 여기서 핵심은 감각기관과 동작의 '동시성'인데, 이를 위해서는 자신의 고집을 조금 덜어내고 서로의 동작을 면밀히 관찰하며 협력을 우선순위에 두는 노력이 필요하다. 연애를 할 때와 마찬가지로 서로가 필요로 하는 것이 무엇인지를 진심으로 고려할 때 비로소 진정한 균형과 행복을 얻을 수 있다.

생각해보라. 누군가가 자발적으로 당신의 요구를 만족시켜준다면 그에게 호감이 생기고, 그와 보내는 시간을 기대하게 되지 않겠는가? 이는 진정한 짝을 찾기 위해 우리가 가동시켜야 하는 메커니즘이기도 하다.

그러니 상대와 협력할 수 있는 기회를 찾아 공통의 리듬을 만들어라. 함께 헬스클럽에 가서 줌바 댄스를 춰도 좋고, 스피닝 사이클을 타도 좋다. 혹은 함께 콘서트에 가서 야광봉을 흔든다거나 함께 강아지를 산책시키는 것도 좋은 방법이다. 이렇게 상대와 호흡을 맞춰가는 과정을 통해 두 사람의 마음에는 두근두근 스파크가 일어날 것이다.

인연에 대하여

마지막으로 '인연'에 대해 이야기해보자.

사람들은 '인연'이라는 말을 참 좋아한다. 우리가 누군가를 알게 되는 건 서로 인연이 있기 때문이라 말하고, 서로를 알게 된 후에도 상대와 끝까지 함께할 인연인가를 생각한다.

서로가 인연이 있는 상대라고 인정하는 경우 관계에 대한 기대나 허용도가 높은 편이며, 반대로 서로에게 인연이 없음을 인정하는 경우 기본적으로 그 관계는 끝났음을 의미한다. 인연의 유무를 따지는 일은 해당 관계를 유지하는 데 에너지를 쏟아야 하는지 말아야 하는지를 결정하기 위한 일종의 구실인 셈이다.

'인연'이라는 단어로 관계의 발전 가능성을 설명하고 심지어 이를 관계 유지의 기반으로 삼는다는 사실은 사람들을 대상으로 한 여러 심리학 연구 결과를 통해 드러난 사실이기도 하다. 흥미로운 점은 인연의 유무를 판단하는 데 당장 말이 잘 통하는지가 결정적인 요소로 작용하는 것은 아니라는 사실이다. 오히려 우리가 평소에 주의하지 않았던 공통의 경험이라든지 취미, 관심사, 배경 등과 더 많은 연관이 있었다.

우연히 알게 된 사실에 우리는 "신기하다!"라며 연신 감탄을 하고 이러한 우연을 인연으로 받아들인다.

어떻게 보면 좋은 첫마디에 지속적이고 유의미한 교류를 더하는 것 자체가 상대로 하여금 '우리가 인연이다'라는 생각을 갖게 하는 과정일 수 있다. 서로 손발을 맞춰간다는 것은 의기투합에 도달했다는 의미이기도 하기 때문이다. 또한 서로의 공통점을 찾고 이를 심화해가는 과정은 우리의 인연이 필연이자 운명이라는 느낌을 더한다.

학자들에 따르면 사람은 처음 만났을 때의 첫인상으로 상대가 자신과 인연이 있는지 없는지를 판단하는데, 이것이 꼭 외모나 성격과 연관이 있는 것은 아니라고 한다. 다시 말해서 상대와의 공감대 형성을 통해 상대에게 얼마든지 인연이라는 느낌을 줄 수 있다는 뜻이다.

반대로 각자 자기 말만 해서 대화에 엇박자가 난다면 자연스럽게 서로 인연이 아니라는 결론을 내리게 된다. 그리고 일단 '인연이 아닌 사람'으로 분류되면 사랑하는 사이로 발전하기 어렵다.

어떤 이들은 자신의 '인연'을 찾겠다고 이런저런 조건을 내세우기도 한다. 그러나 그 조건에 부합한다는 상대와 함께할 때면 항상 긴장이 되고, 애써 이야깃거리를 찾아야 하며, 있는 그대로의 자신을 드러내면 안 될 것 같은 묘한 압박감이 든다면 어떻게 하겠는가? 어쩌면 대부분의 사람은 상대와 친해지기 위해 시간을 들이는 쪽을 선택할지도 모른다. 하지만 아마도 머지않아 자기 자신한테 이렇게 반문할 것이다.

"인연이란 억지로 얻으려 한다고 해서 얻어지는 것이 아니지 않나?"

그렇다. 단순히 어떤 조건이 아닌 나와 정말 잘 맞는 짝을 찾고 싶다면, 진심으로 당신을 아끼고 이해해야 한다. 그리고 당신을 당신 자신답게 만드는 사람을 찾는 데 당신의 그 귀중한 시간을 할애해야 한다.

방법은 어렵지 않다. 당신과 당신 주변 사람들이 어떻게 인연을 맺었는지를 먼저 생각해보라. 특별히 인연이 있다고 느끼는 그들과 당신의 관계에는 어떤 특징이 있는가? 당신이 그들을 특별하다고 느끼는 데에는 분명 말로는 설명할 수 없는 어떤 공감대와 합이 있었기 때문일 것이다.

그러니 잊지 말라. '인연'이라는 두 글자는 흔히 운명이라고 해석되기도 하지만 사실은 당신의 마음가짐과 노력에 의해 얼마든지 달라질 수 있음을 말이다. 어쩌면 사람을 만나는 데에는 정말 운명이라는 게 존재할지도 모른다. 그러나 서로 공감대를 형성해가고 더 나아가 운명의 만남을 영원한 인연으로 만드는 일은 결국 두 사람의 몫이다. 그러니 올바른 생각과 열린 마음을 갖고 자신의 따뜻함과 편안함을 드러내라. 그러면 좋은 인연이 당신을 찾아올 것이다!

가만히 앉아 사랑이 다가오길 기다리지 말라.
그러면 평생을 기다리게 될 것이다.

_ 영어 속담

좋은 짝은 거저 얻어지지 않는다

옷깃만 스쳐도 인연이라는데, 어떻게 해야 그 많은 사람 중에서 나를 알아봐주고, 있는 그대로의 나를 아껴주며, 마음을 나눌 좋은 짝을 찾을 수 있을까? 함께 그 방법을 알아보자!

매력적인 프로필 사진

남: 재미있는 일상+애완동물
여: 아름다운 미소와 좋은 안색+가족

자신의 개성 드러내기

남에게 동화되지 말 것!
초점 효과를 활용해
자신의 남다름을 강조하자.

안녕?

간단하고 진솔한 자기소개

통계에 따르면 첫마디는 간단할수록
좋다. 상대의 옷차림이나 액세서리
등을 살펴 공통의 화제를 찾자.

함께하는 활동

두 사람이 어떤 일을 함께하며
호흡을 맞추면 호감도가 배가 된다!

양파 까기식 대화

재미있는 질문과 이야기를
주고받으며 조금씩 서로의
가치관을 알아가자.

Chapter 5

21세기의 로맨스

심리학을 통해 배운 사랑의 가치관

내 부모님은 그야말로 시대를 앞서간 연애를 한 분들이다. 8개월의 틈을 두고 두 번의 결혼식을 올렸으니 말이다.

두 분의 첫 번째 결혼식은 번갯불에 콩 구워먹듯 빠르게 진행됐고, 이는 아버지가 아침 댓바람부터 강의실을 찾아가 학생들에게 던진 이 한마디에서 시작되었다.

"누구 개인 도장 가진 사람?"

이에 두 사람이 손을 들었고, 아버지는 그들을 데리고 나가며 이렇게 말했다.

"가자! 법원에 가서 내 결혼 증인 좀 서줘!"

당시 아버지에게 소묘 수업을 받던 사범대학 미술학과 3학년 학생들은 일제히 이젤을 쓰러뜨려 지진이 난 듯 큰소리로 축하 폭죽을 대신했다고 한다. 몇몇 여학생은 캠퍼스 내에 피어 있던 꽃으로 다

발을 만들어 부케까지 만들어주었단다. 아버지는 법원 입구에서 사진기를 들고 있던 행인을 붙잡아 사진기에 아직 두 장의 필름이 남았다는 사실을 확인하고는 법원을 배경으로 소중한 결혼사진을 찍었다. 그 후, 두 분은 룽취안거리로 가서 학생들에게 니우러우몐을 대접했는데 이것이 두 분의 '피로연'이었다.

그러나 결혼 소식이 퍼지자 많은 친지와 친구가 펄쩍 뛰었고, 아버지와 어머니는 결국 모두의 요구대로 결혼식을 방불케 하는 두 번째 피로연을 열었다. 당시 현장은 열 개의 테이블이 꽉 찰 정도로 상당히 떠들썩했는데, 듣기론 원로 시인이 주례를 서고 낭송 팀이 헌시까지 했다고 한다.

그때의 이야기가 나올 때면 어머니는 지금도 웃으며 말한다.

"그래도 두 번째가 첫 번째보다 나았으니 다행이지 뭐니."

그러면 아버지는 말한다.

"첫 번째가 진짜지. 우리 스스로 결정해서 올린 결혼식이니까!"

정말이지 대담하게 시대를 앞서간 분들 아닌가! 그러나 우리 부부도 두 분에 못지않다. 나와 내 아내는 결혼식도 올리지 않았으니 말이다.

프랑스에서 아내에게 청혼을 하고 얼마 지나지 않아 아내가 임신을 했다. 당시에는 결혼식을 서둘러야 한다는 생각에 나 자신을 들볶기도 했지만, 결국 나는 용기를 내어 양가 부모님께 물었다.

"꼭 결혼식을 올려야 하나요?"

그런데 의외의 답이 돌아오는 게 아닌가!

"돈 들여가며 겉치레할 필요가 뭐 있겠니? 너희가 좋으면 그걸로

됐지!"

그래서 우리는 새 생명을 맞이하는 데 전념하기로 하고, 결혼식 대신 결혼 10주년 때 축하파티를 열기로 했다. 그때가 되면 아이가 화동을 할 수도 있겠다면서 말이다. 아버지는 우리의 결혼을 축하하고 기념하는 뜻에서 나와 내 아내의 이름으로 사회단체에 기부를 했다.

나는 우리의 행복을 가장 우선순위로 둘 수 있게 해주신 장인, 장모, 아버지, 어머니께 정말 감사드린다. 물론 이해심 많고 대범한 아내에게도 고맙다. 그 어떤 결혼식보다도 즐겁고, 그 어떤 웨딩 사진보다도 아름다운 추억이 될 우리의 10주년 파티가 나는 너무나 기대된다!

규칙은 변해도 사랑은 변하지 않는다

데이트를 할 때는 밥 먹고 영화를 봐야 하고, 밸런타인데이에는 장미꽃을 선물해야 하고, 프로포즈를 할 때는 반드시 무릎을 꿇고 반지를 건네야 하고……. 문득 이런 의문이 든다.

'이런 규칙들은 대체 누가 만든 걸까?'

모든 습관과 풍속이 생기는 데에는 나름의 이유가 있고, 시대 변화에 따라 풍속도, 전통도, 심지어 법률도 바뀌지만 유일하게 변하지 않는 것이 있다. 그것은 바로 사람은 누구나 사랑하고 사랑받아야 한다는 사실이다.

돌이켜보면 지난 수십 년간 우리는 참 많은 변화를 겪었다. 예컨대 정보혁명이 일어났고, 농촌의 도시화가 이루어졌으며, 중산층의 부흥과 몰락을 목격했고, 진정한 양성평등을 위한 노력을 기울이게 되었다. 그리고 이러한 변화들은 우리 사회는 물론 사람과 사람 간의 소통방식과 사랑에 관한 게임의 법칙에까지 영향을 미치고 있다. 그러다 보니 때로는 다른 문화나 다른 세대의 가치 체계가 충돌해 갈등을 일으키기도 하고, 그 사이에서 혼란을 겪기도 한다.

그래서 이번 챕터에서는 현대사회에서 대두되고 있는 세 가지 현상, 즉 모바일 네트워크와 개인 프라이버시 문제, 다양한 선택의 기회가 불러온 애정 문제, 그리고 현대 남녀의 달라진 경제관이 지금을 살아가는 연인들에게 어떤 영향을 미치는지 분석해보려 한다. 연애란 본래 쉽지만 어렵고, 가볍지만 무거운 주제다. 명확한 논리로 사랑을 설명할 수 없기 때문이다. 하지만 그렇기에 더욱 이성적인 시각으로 애정 문제를 바라볼 필요가 있다. 그래야만 좀 더 자유롭게 이 모순적인 시대를 살아갈 수 있을 테니 말이다.

사람마다 지문이 다 다르듯
우리는 각기 다른 가치관을 지니고 있다.
그리고 우리가 하는 모든 일은 그 흔적이 남는다.
_ **엘비스 프레슬리**

판도라의 상자는 닫아둬라

국제전기통신연합International Telecommunication Union의 데이터에 따르면 오늘날 전 세계적으로 인터넷을 사용하는 인구의 비율은 47퍼센트로 이를 환산하면 약 35억 명에 달한다. 다시 말해서 전 세계 35억 명의 인구가 각종 유무선 디바이스를 통해 서로 연결되어 있다는 뜻이다. 아직 세계 절반의 인구가 인터넷을 사용하지 못하고 있기는 하지만, 1995년 인터넷 사용인구가 1퍼센트에 불과했다는 점을 고려하면 인터넷의 대중화는 현대사회의 가장 큰 변화 중 하나라고 할 수 있다.

인터넷은 우리의 연애 사업도 바꿔놓았다. 예전엔 주로 친구의 소개를 통해 연인을 만났다면, 요즘은 인터넷을 통해 연애 상대를 찾아 나서는 사람이 많아지고 있고, 동성 연애의 비율도 30퍼센트에 육박하고 있다. 《모던 로맨스》라는 책에 실린 조사 결과에 따르면 요즘 사람들은 이전 세대에 비해 훨씬 폭넓고 깊게 연애 상대를 탐색한다고 한다. 데이팅 앱과 같은 산업이 발전하면서 동시에 여러 사람을 사귈 수 있게 되었음에도 현대인이 솔메이트를 찾는 일에 더 적극적인 경향을 나타내는 이유는 많아진 기회만큼 진정한 짝을 찾고자 하는 바람도 커졌기 때문일 것이다.

스마트 라이프는 연인 간의 소통방식을 바꿔놓았다. 과거 연애편지를 쓰던 연인들은 전화로 사랑을 속삭이게 되었고, 전화 통화는 다시 문자메시지로, 그리고 메신저 앱을 통한 실시간 채팅으로 바뀌었다. 이러한 변화의 가장 큰 특징은 빨라진 '속도'다. 그렇다. 지금은 상대가 지구 반대편에 있어도 '오늘 기분 어때?'라는 자신의 질문에 즉각 대답을 해주길 바라는 시대다. 이러한 즉성은 일종의 무언의 압박이 되어 깊이 생각할 시간을 빼앗고 때론 당황스러운 순간을 만들어내기도 한다. 매일 받는 메시지의 양이 폭증하면서 우리가 보내는 메시지의 양도 많아졌는데 신속하게 답을 하려는 강박에 실수를 하는 경우가 종종 생기기 때문이다.

줄곧 여자 친구와 헤어진 사이라고 말하던 친구 녀석이 있었다. 얼마 전 이 친구의 SNS에 일본에서 찍은 후지산 사진이 올라왔다. 그런데 공교롭게도 그가 헤어졌다던 그 '전 여자 친구'도 같은 날 후지산을 찍은 사진을 올린 것이 아닌가! 누가 봐도 두 사람이 올린 사진은 같은 각도에서 찍은 사진이었고, 두 사람을 모두 알고 지내던 친구들은 그들이 함께 여행을 갔다는 사실을 눈치챘다.

내 오랜 동료는 고양이를 데리고 동물병원에 다니다 수의사 선생님과 친해져 메신저 친구를 맺었다. 그러던 어느 날, 그 수의사 선생님이 올린 웨딩 촬영 사진을 보게 되었는데 사진 속 신부가 자신이 아는 사람이더라는 것이다. 다만 그녀는 그동안 줄곧 싱글인 척하며 동료의 지인 중 여러 남성과 '썸'을 타던 인물이었다.

세상에 영원한 비밀은 없듯이 인터넷 세계에서도 진정한 프라이버시는 없다. 지나온 모든 자리에 흔적은 남게 마련이기 때문이다. 그래서일까? 요즘은 인터넷 세계에서의 프라이버시 문제를 두고 논쟁을 벌이는 연인이 부쩍 많아졌다.

이 문제에 대한 순수한 호기심에 개인 팬 페이지에서 비공식 리서치를 진행한 적이 있었다. 사람들은 보통 연인의 프라이버시를 어디까지 존중해야 한다고 생각하는지 문득 궁금해서였다. 나는 '연인 사이라면 서로의 휴대전화를 확인해도 될까?', '연인에게 자신의 휴대전화를 보여줄 의향이 있는가?'라는 두 개의 질문을 던졌다. 그 결과 앞의 질문에는 36퍼센트의 사람들이 '확인해도 된다'고 대답을 했고, 뒤의 질문에는 31퍼센트의 사람들이 '그럴 의향이 없다'고 대답했다.

질문에 대한 각자의 입장은 꽤 확고했다.

'당연히 봐야죠! 연인 사이에 감추는 게 있다면 제가 어떻게 그를 믿을 수 있겠어요?'

'당연히 보면 안 되죠! 엄연히 개인의 프라이버시가 있는데 왜 연인이라는 이유로 휴대전화를 보여줘야 하죠?'

사람들의 의견은 크게 개인의 프라이버시 보호를 주장하는 쪽과 연인 사이의 신뢰를 이야기하는 쪽으로 나뉘었는데 과연 이 둘 중 더 중요한 건 무엇일까?

2016년 한국의 삼성이 영국에서 이와 관련한 조사를 진행한 적이 있었다. 200명의 응답자 중 '연인과 휴대전화 비밀번호를 공유하는 것은 진정한 사랑의 표현이다'라는 데 동의한 사람은 전체의 56퍼센트였으며, 이중 1/3이 이미 상대의 휴대전화 비밀번호를 알고 있다고 답했다. 한편, 54퍼센트의 응답자가 연인이 휴대전화 비밀번호를 알려주길 원치 않는다면 의심을 하게 될 것 같다고 밝혔다.

이 조사를 통해 밝혀진 또 다른 사실은 10명 중 4명꼴로 연인의 휴대전화를 훔쳐본다는 점이었다. 그리고 이들 중 연인에게서 외도의 낌새를 알아차린 적이 있다고 답한 응답자는 10명 중 6명으로 매우 비율이 높았다.

해당 조사에서는 '외도의 낌새'라는 말에 대해 명확한 정의를 내

리지 않았는데 과연 '외도의 낌새'란 뭘까? 서로 몸을 밀착시킨 채 찍은 셀피Selfie? 달달한 듯 보이는 안부 인사? 한밤중에 보내온 메시지? 물론 누구를 대신해 변명을 해주려는 건 아니지만 아마 대부분의 사람이 이렇게 말하지 않을까 싶다.

"외도를 했는지 안 했는지는 감으로 충분히 알 수 있죠!"

당신이 연인을 추궁하기 시작했을 때 상대를 유죄로 가정할지 무죄로 가정할지는 모르겠지만 적어도 이 한 가지만은 확신할 수 있다. 바로 당신이 연인의 휴대전화에서 의심 가는 메시지를 찾아낸 순간, 연인에 대한 당신의 신뢰에는 이미 금이 갔다는 것! 그리고 만약 상대의 휴대전화를 몰래 훔쳐보다 이를 발견했다면 당신에 대한 연인의 신뢰 역시 깨질 거라는 사실이다.

확증 편향Confirmation Bias은 인간이 지닌 가장 고질적인 편견의 일종이다. 우리는 이 편견의 영향으로 자신의 신념과 일치하는 정보는 받아들이고, 신념과 일치하지 않는 정보는 자연스럽게 무시한다. 다시 말해서 이미 의심을 하고 있는 상태에서 상대의 휴대전화를 살펴본다면 100퍼센트 '수상한 낌새'를 발견할 수밖에 없다는 뜻이다.

디지털 시대의 정보는 양이 많고, 다양하며 단편적이라는 특성을 지니고 있어 사진 한 장이나 짤막한 대화로는 전체를 알 수 없다. 일본의 한 인플루언서Influencer, 영향력 있는 개인이라는 뜻으로 파워블로거나 SNS 스타, 1인 방송 진행자, 유튜브 스타 등이 이에 포함됨가 '나 홀로 데이트'라는 제목의 착시 사진을 찍어 SNS에 올린 적이 있었다. 얼핏 보기에는 두 사람이 다정한 한때를 보내는 것처럼 보이지만 사실 자신이 자신에게 음식을 먹여주는 사진이었다. 그는 이 작품을 통해 '디지털 시대의 존재감'에 대한 반어적 풍자를 드러냄과 동시에 '눈에 보이는 게 다가 아니다'라는 메시지를 표현했다.

사실 내가 이렇게 많은 말을 늘어놓은 이유는 단 하나! 아무리 거리낄 것 없고, 또 숨기는 것이 없는 사이라 하더라도 상대의 휴대전화를 훔쳐보는 순간 실망감만 갖게 될 것이라는 말을 하고 싶어서다.

이게 무슨 뜻이냐?

연인의 휴대전화에서 수상한 무언가를 발견한다면 연인에게 실망하게 될 것이요, 수상한 무언가를 발견하지 못한다면 자기 자신에게 실망하게 될 테니 이래도 실망, 저래도 실망이라는 얘기다.

'내가 너무 허투루 살펴봤나?'

'훔쳐보면 안 되는 거였는데……'

'내가 왜 이런 짓까지 해야 하지?'

이런 실망감은 당신에게, 당신의 연인에게 혹은 두 사람 모두에게 찜찜한 뒤끝만을 남길 뿐이다.

실제로 이는 삼성이 진행한 조사에서도 밝혀진 바다. 상대의 휴대전화를 훔쳐본 적이 있다고 응답한 사람들 중 1/3이 연인이 자신을 위해 준비 중이던 깜짝 이벤트를 미리 알아차려 오히려 미안한 마음이 든 적이 있다고 답한 것이다. 물론 그들은 이벤트가 있을 거라는 걸 알면서도 아무것도 모르는 척해야 했다. 행여 자신이 휴대전화를 훔쳐본 사실을 들키면 흥이 깨지는 것은 물론이거니와 더 나아가 연인에게 상처를 줄 수 있기 때문이다.

요컨대 연인의 휴대전화를 훔쳐봄으로써 기분이 더 좋아질 확률은 제로에 가깝다. 그런데 왜 당신은 굳이 자신의 기분을 망칠 것이 분명한 일을 하려 하는가?

자라 보고 놀란 가슴 솥뚜껑 보고도 놀란다고, 어쩌면 당신이 연인의 휴대전화를 그렇게도 확인하고 싶어 하는 데에는 나름의 이유가 있을지도 모른다. 그러나 과거 바람을 피운 애인에게 배신을 당한 경험 때문에 불안을 떨칠 수 없다고 말하는 당신에게 듣기 거북하더라도 이 말만큼은 꼭 해야겠다. 안정감은 다른 사람이 해결해줄 수 없는 당신 마음의 문제다.

이런 내 말에 설득력을 더해줄 연구 결과를 살펴보자. 5년에 걸쳐 진행된 한 추적 조사 결과에 따르면 결혼생활 중 부부가 안정감에 집착할수록 외도할 확률이 높아지는 것으로 나타났다. 이에 대해 학자들은 '안정감에 집착하며 불안해하는 상태가 부부의 친밀감 형성을 저해해 서로 다른 상대를 찾을 가능성을 높인 것'이라는 결론을 내렸다.

한편 연인이 누구와 연락을 하고, 누구와 이야기를 나누든 간섭하지 않는 커플이 서로를 간섭하고 통제하는 커플보다 연인에 대한 만족도가 훨씬 높게 나타났다는 연구 결과도 있다.

그러니 만약 당신의 연인이 당신에게 휴대전화를 보여줄 수 있겠느냐고 묻는다면 이렇게 대답할 것을 추천한다.

"그렇게 해야 당신이 나를 믿겠다면 얼마든지 보여줄 수 있어. 그런데 이 말은 꼭 해야겠어. 내 휴대전화를 볼 수는 있지만 봐서는 안 된다고."

상대가 휴대전화를 보여준다 하더라도 웬만하면 판도라의 상자는 열지 말라. 그 자그마한 상자 안에는 당신을 기쁘게 할 물건이 들어 있지도 않을뿐더러 되레 수습할 수 없는 일련의 후폭풍을 몰고 올 수 있으니 말이다.

마음이 불안해 도저히 연인의 휴대전화를 보지 않고는 못 배기겠다면 기회를 봐서 연인과 제대로 이야기를 나눠라. 물론 이때의 대화 주제는 휴대전화 비밀번호가 아니라 불안을 떨칠 방법이다.

"네 휴대전화를 정말 확인하고 싶은데 꾹 참고 있는 중이야. 하지만 계속 불안한 마음이 드는데 어떻게 해야 할까?"

자신이 느끼는 불안감을 솔직하게 털어놓되, 자신의 심리적 약점을 무기로 상대를 공격해서는 안 된다.

안정감은 어디까지나 주관적인 느낌이며, 느낌은 여러 방법으로 전환할 수 있다. 진짜 문제는 휴대전화가 아니라 사랑에 대한 당신의 신뢰도다.

단언컨대 현대사회를 살아가는 우리 모두는 신뢰를 얻길 갈망한다. 관계 맺기가 쉬워질수록 신뢰의 중요성은 더욱 커져간다. 심리학에서는 신뢰를 '인지적 신뢰Cognitive Trust'와 '정서적 신뢰Affective Trust'로 분류한다.

'인지적 신뢰'란 상대가 자신을 도와 원하는 결과를 얻게 해주리라는 믿음이다. 그러므로 인지적 신뢰는 상대에게 기대 자신이 갈망하는 무언가를 얻을 때 생겨난다. 그러나 정서적 신뢰는 이와 다르다. 정서적 신뢰는 상호 교류와 서로에 대한 호감을 바탕으로 하기 때문에 감정적인 '일체'감이 반영된다. 다시 말해서 상대가 자신에게 호의를 베풀고 정서적인 만족감을 줄 수 있다는 믿음이 생길 때 정서적 신뢰가 쌓인다. 따지고 보면 요즘 같은 시대에 상대의 행적이나 사생활을 파악하는 건 그야말로 일도 아니다. 마음만 먹으면 얼마든지 누군가의 하루를 추적할 수 있는 소프트웨어가 널린 세상이니 말이다. 그러나 이런 것들을 사용하는 것이 정말 정서적 신뢰를 높이는 데 도움 될까?

연인의 휴대전화에 위치 추적 앱을 깔기 전에 먼저 이렇게 자문해보길 바란다.

'내가 그리는 사랑은 어떤 모습일까?'

'내가 연애에서 중요하게 생각하는 요소는 무엇인가? 열정? 헌신? 아니면 친밀감?'

조금만 생각해보면 자신이 중요하게 생각하는 요소가 무엇이든 신뢰가 밑바탕이 되어야 한다는 사실을 알 수 있을 것이다. 인간은 상대를 신뢰하기에 더 가까이 다가가길 원하고, 상대를 신뢰하기에 약속을 지켜나갈 만큼의 안정감을 얻고 싶어 하며, 상대를 신뢰하기에 상대와 함께하는 순간이 즐거움과 만족감으로 가득하길 바라기 때문이다.

더욱 즐겁고 자유로운 연애를 하기 위해서는 상대에 대한 믿음과 자기 자신에 대한 믿음이 필수다. 그러니 변화의 첫걸음으로 판도라의 상자부터 덮어두자!

연애 문제를 상담하기에 가장 적합한 사람은
지금 당신과 연애를 하고 있는 바로 그 사람이다.

_ **인터넷 명언**

사랑의 신선도를 유지하라

한 남성이 가장 예쁜 조개껍데기를 찾겠다며 모래사장으로 향했다. 모래사장에 널린 게 조개껍데기인 만큼 그는 아주 손쉽게 자신의 목적을 달성할 수 있으리라 생각했다. 그러나 한참을 찾아 헤맸지만 그는 가장 예쁜 조개껍데기를 손에 넣지 못했다. 예쁜 조개껍데기가 많아도 너무 많아 날이 저물도록 결정을 내리지 못했기 때문이다. 결국 그는 피로와 실망감만을 안은 채 빈손으로 돌아와야 했다.

우리는 마치 이러한 모래사장에 살고 있는 것과 같다. 수많은 사람과 또 수많은 선택의 기회에 둘러싸여 살아가고 있기 때문이다. 그래서 우리는 종종 선택에 어려움을 겪는다. 너무 많은 선택권과 자유가 주어졌을 때에는 더더욱 그렇다. 특히 애정 문제 앞에서 우리는 한참을 주저하고, 고뇌하며, 한없이 우유부단한 모습을 보이기도 한다. 모래사장에서 하루를 낭비한 남성처럼 너무 많은 선택지가

오히려 '결정공포증Decidophobia'을 초래하는 탓이다. 결정을 내리는 일을 두려워하는 사람은 선택 자체는 물론 그 선택이 가져올 결과를 차마 감당할 수 없어 타인에게 선택권을 넘긴다.

예전에는 누군가를 만나 평생의 짝을 이루는 일이 그리 어렵지 않았던 것 같은데 지금은 왜 이리도 어려운 문제가 된 걸까? 주변 친구들과 지인들, 그리고 나 자신을 되돌아보면서 나는 문득 궁금해졌다. 현대인들은 정말 한 사람에게 정착하기가 어려운 걸까? 여기저기 널린 유혹이 한 사람만 바라보는 사랑을 어렵게 만드는 걸까?

과거 촌락사회에서는 옆집 숟가락 개수까지 꿰고 있을 정도로 서로를 훤히 알고 지냈다. 생활권이 작다 보니 친구도 적고 그만큼 사람들 사이에서의 평판이 중요하게 여겨졌다. 물론 이러한 환경에도 위험을 무릅쓰고 바람을 피우는 이는 있었다. 그러나 현대사회로 접어들면서 많은 것이 변했다. 도시인구가 늘어났고 사회 분위기 또한 점점 개방적으로 변화하고 있다. 게다가 요즘은 남녀가 만나 가까워질 수 있는 장소가 부쩍 늘어났다. 그래서인지 다음과 같은 일이 심심찮게 일어나고 있다.

두 사람은 오래된 연인이다. 여느 오래된 커플이 그렇듯 이들의 일상은 편안하지만 무미건조하다. 그러던 어느 날, '그녀'는 '그'를 만나게 되고 그는 그녀의 마음에 불을 지핀다. 한동안 잊고 있었던 설렘에 그녀의 연애세포들이 다시금 깨어나기 시작한다.

이런 상황에서 '그녀'와 '그' 그리고 그녀의 '원래 연인인 그'는 어떤 선택을 하고 또 어떻게 처신을 해야 옳을까? 물론 여기서의 '그녀' 또는 '그'는 얼마든지 치환이 가능하다.

'사랑에는 유효 기간이 있다'는 말에는 정말 나름의 근거가 있는데, 심리학에서는 이러한 개념을 '쾌락적응Hedonic Adaptation'이라고 한다.

쾌락적응이란 무엇이냐? 말 그대로 쾌락에 적응한다는 얘기다. 바꿔 말해서 아무리 행복한 일도 또 아무리 불행한 일도 시간이 지날수록 그 의미가 희석되어 더 이상 행복한 일도, 불행한 일도 아닌 일상이 된다는 뜻이다. 실제로 X를 시간, Y를 쾌락지수라고 가정하고 그래프를 그렸을 때, 좋은 일이 있을 때는 쾌락지수가 급상승하고 안 좋은 일이 있을 때는 쾌락지수가 수직 하락했지만, 두 경우 모두 일정 시간이 지난 후에는 원래의 수준을 회복하는 모습을 확인할 수 있었다.

이는 일찍이 1978년에 진행된 한 심리학 연구를 통해서도 입증된

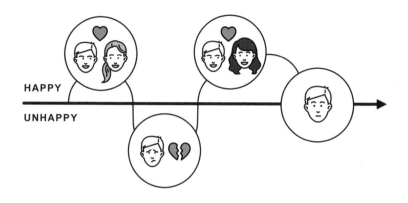

바다. 당시 연구진은 로또 당첨자들과 불의의 사고로 평생 반신불수로 살아가게 된 사람들을 각각 한 그룹으로 묶어 두 그룹을 추적 관찰했다. 그 결과 두 그룹 모두 한동안은 매우 큰 감정의 변화를 보였지만, 어느 정도 시간이 흐르자 '일반인'과 거의 유사한 수준의 쾌락지수와 삶에 대한 만족도를 보였다. 놀라운 사실은 그들의 쾌락적응 시간이 1년 남짓에 불과했다는 점이다.

정말로 '시간이 약'이 된 셈이다! 이는 언젠가 당신이 실연을 겪더라도 당장은 세상이 끝난 것처럼 절망적이겠지만 일정 시간을 견뎌내면 자연스레 실연의 아픔에서 벗어날 수 있다는 의미이기도 하다. 마찬가지로 당신은 뜨거운 연애에도 적응을 할 것이다. 그리고 그때가 되면 마치 구름 위를 걷는 것처럼 붕 떠 있던 마음이 가라앉아 자연스레 두 발을 땅에 붙이고 설 것이다.

수많은 애정 문제는 바로 이 시점에 생겨난다.

과거에는 이혼이 그리 쉽지 않았다. 부부는 열애 기간이 지나도 현실을 받아들이며 일생을 함께하기 위해 노력했다. 많은 사람이 그런 과정에서 인내를 배웠고, 서로 부대끼고 적응하면서 서로 의지하는 방법을 찾았다. 그래서 우리네 부모님들과 조부모님 세대들은 싸우고 불평불만을 늘어놓으면서도 여전히 서로에 대한 관심의 끈을 놓지 않는다.

그러나 현대인들은 감정적으로 좌절을 맛봤을 때 다음과 같은 생각을 좀처럼 떨치지 못한다.

'세상에 널린 게 사람인데 한 사람만 사랑할 필요가 있을까?'

특히 우리 주변에는 많은 기회와 상대, 그리고 다시 봄날을 느끼게 해줄 새로운 경험들이 널려 있는데 말이다.

사실, 엄밀히 따지면 새로운 상대와 뜨거운 사랑을 추구하는 건 인간의 천성이다. 새로운 사람을 만났을 때 옥시토신Oxytocin이 분비되어 어느 정도의 '회춘' 효과가 나타나기 때문이다. 옥시토신은 포유류에 존재하는 호르몬의 하나로 생식에 매우 중요한 역할을 하는데, 특히 출산 시 엄마가 아기에게 강한 정서적 유대감을 느끼게 한다. 한마디로 '회춘'이든 '모성애'이든 모두 동물의 번식과 육아를 촉진하기 위한 자연의 섭리로, 이로써 우리는 삶과 생명을 이어갈 힘을 얻는다는 뜻이다.

그렇다면 과연 '뜨거운 사랑'만이 진정한 사랑일까? 그렇다고 생각한다면 미안하지만 당신은 조만간 상실감을 맛볼 것이다! 연애 초반의 그 흥분되는 느낌을 불러일으키기 위해 끊임없이 새로운 상대를 찾아나서야 할 테니 말이다. 물론 연애를 하면서 상대를 정복하고 정복당하는 과정은 확실히 중독성이 있다. 그러나 그저 자극만을 좇는 사랑은 결코 오래갈 수 없다. 특히 우리의 오감을 자극하는 요소들이 마치 회전 초밥처럼 줄줄이 늘어선 요즘 세상에는 더욱 그렇다. 이럴 때 우리에게 필요한 건 우리의 가슴을 뛰게 할 새로운 무언가가 아니라 생활 속의 즐거움과 설렘을 오래 유지할 수 있도록 노력하는 자세다.

이를 위해 어떤 노력을 해야 하느냐? 심리학자 셸던과 류보머스키가 제시한 '쾌락적응 예방법'에 그 키포인트가 숨어 있다.

그 첫째는 바로 '변화'다. 사람들이 흔히 하는 말처럼 삶을 다채롭게 만들라는 뜻이다. 정기적으로 새로운 사물을 접하고 신선한 체험을 하면 쾌락적응의 시간을 연장할 수 있는데, 연인 사이에도 이러한 변화가 필요하다. 예를 들어 그동안 가보지 않았던 레스토랑에서 데이트를 한다든지, 새로운 영화관에서 영화를 본다든지, 혹은 정기적으로 해외여행을 떠나는 등의 시도를 한다면 평소의 행복감을 더 오래 지속시킬 수 있다.

둘째는 '감상'이다. 일상생활에서의 새로운 자극이 아니라 마음속의 새로운 의미를 만들어가기 위해 시각을 달리해보는 것이다. 예전에는 관심을 두지 않았던 부분에 주의를 기울이다 보면 새로운 의미를 발견해 당연하게 느꼈던 연인 간의 상호작용도 달리 받아들일 수 있다. 감상은 마음을 쏟아 의미를 만들어내고 음미하는 과정으로 때로는 감사하는 마음과 감동을 불러일으킨다.

어떻게 사랑의 신선도를 유지하느냐는 우리 현대인들에게 주어진 중요한 과제다. 연인과의 관계에서 친밀감을 우선시하든 열정이나 헌신을 중요시하든 상관없이 '변화'와 '감상'을 시도해본다면 애정을 유지하는 데 도움 될 것이다. 너무 많은 선택권과 너무 빠른 변화 앞에 새로운 상대와 새로운 사랑의 기회만을 찾아 헤맬 것이 아니라 우리 자신부터 변해보자.

사람들이 내게 줄 수 있는 물질적인 것들은
나 스스로 충당할 수 있다.
그러니 당신이 나를 아낀다면 내게 시간과 경험을 달라!
_ '뉴 메터리얼 걸New Material Girl' 블로그 중

간절하면 이루어지는 경제관

문득 지난번 뉴욕 본가에 갔을 때의 일이 생각난다. 꽤 오랫동안 거실 한편을 지켰던 구형 TV 대신 대형 스크린의 LED TV가 놓여 있는 걸 보고 '아, 드디어 부모님이 텔레비전을 바꾸셨구나' 생각했다. 그런데 웬걸! TV를 틀어볼까 하고 무심코 집어든 리모컨에는 보호필름이 곱게 붙어 있었다.

그것도 새 제품에 원래 붙어 있는 보호필름을 떼어내지 않은 것이 아니라 부모님이 직접 다시 붙여놓은 것이었다. 보호필름이 붙어 있는 리모컨을 누르는 느낌은 마치 먼지커버를 씌워놓은 새 소파에 앉은 것처럼 영 어색했다. 평소 내게 리모컨은 망가지면 다시 사면 되는 소모품이었던 터라 그 어색함이 더했던 것 같다. 어차피 리모컨을 사는 데 큰돈이 드는 것도 아니니 말이다. 물론 내 부모님도 리모컨이 소모품이라는 것쯤은 알고 계신다. 다만, 젊을 때부터 절약하는 습관이 몸에 배어 지금도 여전히 근검절약을 실천하고 있는 것뿐이다.

사실, 돈을 대하는 태도와 신념에는 세대별로 차이가 존재한다. 소년, 청년, 장년, 노년의 입장이 각기 다르듯 각자 처한 상황에 따라 돈을 대하는 태도도 조금씩 달라지게 마련인데, 이러한 입장 차이가 세대별 가치관의 차이를 만들어낸다. 리모컨에 보호필름을 붙이는 문제처럼 별것 아닌 문제에도 내 부모님과 내가 확연히 다른 가치관을 드러낸 것처럼 말이다.

'기성세대는 주어진 일을 끝내지 못할까 걱정을 하고, 신세대는 지금의 아름다움을 놓칠까 두려워한다.'

인터넷에 떠도는 이 말은 세대 간에 존재하는 가치관의 차이를 여실히 보여준다.

그렇다면 당신의 가치관은 어느 쪽에 더 가까운가? '가정을 꾸리려면 집과 차는 필수다', '최고의 자산은 부동산이다'라는 관점에 묶여 저축하는 습관을 물려받았는가? 아니면 '어차피 천국에 돈을 싸들고 가지도 못할 거, 짧은 인생 현재를 즐기며 살자'라는 주장에 동의하는가?

이러한 가치관은 우리가 매일같이 하는 모든 결정에 영향을 미친다. 한 연구 결과에 따르면 연인이 서로 다른 경제관을 지닌 경우, 대화를 통해 원만한 합의를 이루지 못하면 이것이 곧 다툼과 이별의 원인이 될 가능성이 높다고 한다.

최근 눈에 띄는 사회적 변화 중 하나를 꼽자면 직장 내 여성의 지위 상승을 들 수 있다. 물론 그렇다고 해서 완벽한 양성평등이 이루어졌다고는 할 수 없다. 하지만 진정한 평등사회를 향한 나름 고무적인 변화임에는 틀림이 없다.

많은 여성에게 대학을 졸업하고, 취업을 하고, 결혼 후 직장생활과 육아를 병행하는 것은 이제 일반적인 일이 되었다. 남성과 여성의 사회적 역할에 대한 고정관념도 많이 깨져 남성은 밖에 나가 일을 하고 여성은 전업주부로 살림을 하던 예전과 달리 '워킹맘, 육아대디'도 부쩍 늘고 있는 추세다.

그렇다면 연애 문제에서는 어떨까?

과거에는 남녀가 데이트를 하면 그 비용을 남성이 부담했다. 주로 남성이 돈을 벌었기 때문이다. 그러나 요즘은 꼭 그렇지만도 않다. 병역 때문에 남성의 사회 진출 시기가 늦어지다 보니 초반에는 남성이 같은 나이의 여성보다 수입이 적은 경우가 꽤 많다. 이럴 때에도 당연히 남자가 데이트 비용을 부담해야 하는 걸까?

이에 대해 일부 여성은 더치페이를 해야 옳다고 말한다. 그녀들의 논점은 '평등하길 원한다면 동등한 부담 인식을 가져야 한다'는 것이다. 그러나 양성평등을 중요시하는 구미사회에서도 이런 입장을 지닌 여성은 소수에 불과하다.

반대로 '나를 좋아한다면 데이트 비용 정도는 남자가 부담해야 한다'고 생각하는 여성이 적지 않다. 그녀들은 진화심리학의 이론을 들어 이렇게 말한다.

"남성이 여성에게 구애를 할 때, 자신의 물질적인 조건과 경제적인 능력을 드러내는 건 자신에게 가족을 부양할 능력과 만나볼 가치가 있다는 걸 어필하기 위한 행동이에요. 그런 남성들에게 계산을 하지 말라고 하는 건 오히려 그들의 자존심을 상하게 하는 일이죠!"

양성 전문가 매튜 허시는 강연장에서 이와 관련한 질문을 받고 이렇게 답한 바 있다.

"개인적으로 데이트를 할 때 남성이 자발적으로 계산을 하지 않는 건 매너 없는 행동이라고 생각해요. 하지만 데이트를 하면서 여성이 단 한 번도 지갑을 열지 않는다면 그 역시 매너가 없는 거라고 생각합니다!"

'남성은 여성을 위해 기꺼이 데이트 비용을 부담해야 마땅하지만 여성이 이를 당연하게 여겨서는 안 된다'는 것이 바로 매튜의 논지다. 그는 여성이 꼭 밥을 사지 않더라도 최소한 계산을 할 의향이 있음을 내비쳐 남성이 이용당하고 있다는 오해를 하지 않도록 만들 필요는 있다고 말한다. 엄밀히 따지면 이는 돈에 관한 문제가 아니라 마음의 문제이기 때문이다.

수입이 안정적인 여성이라면 남성과 데이트를 할 때 무조건 그에게 계산서를 넘기기보다는 함께 나눠 내자고 먼저 제안할 것을 추천한다. 그럼에도 계속 상대가 지갑을 열려고 한다면 한두 번 정도 지켜보다 "다음에는 내가 살게!"라고 말한다거나 작은 선물을 준비해 고마움을 표현하는 것도 좋은 방법이다.

만약 당신이 남성이라면 이 말을 해주고 싶다. 즐거운 데이트를 이어가려면 자신이 부담할 수 있는 선을 지키라고 말이다. 당신이 데이트를 신청한 여성이 데이트 장소로 매번 고급 레스토랑만을 고집한다면 이렇게 물어보라.

"다음에는 내가 좋아하는 음식점에 같이 가자. 작은 식당인데 저

렴하고 음식도 맛있어. 어때?”

그녀가 정말 당신에게 마음이 있다면 그녀는 분명 기꺼이 당신의 제안을 받아들일 것이다. 만약 이에 그녀가 달갑지 않은 표정을 짓는다면 그게 어떤 의미일지는 굳이 말하지 않아도 알 거라 믿는다.

경제적인 여건은 얼마든지 바뀔 수 있지만 사람의 가치관에는 한 사람의 일생이 녹아 있다. 당장 연애를 할 때에는 모든 것이 다 좋게 느껴지겠지만 ‘앞으로는 달라지겠지’라는 생각에 자신의 원칙을 저버린다거나 자신의 가치관과 타협을 해서는 안 된다.

물론 가치관이 다르다고 함께할 수 없는 건 아니다. 다만, 더 많이 소통하려는 노력이 필요할 뿐이다.

두 사람이 끝까지 함께하지 못하는 이유는 단순히 가치관이 달라

서가 아니라 서로 다른 가치관을 존중하지 못하기 때문이다.

그러므로 이는 단순히 '돈'의 문제가 아니라 '존중'의 문제다.

존중이란 상대의 생각과 느낌에 촉각을 곤두세우고, 이를 중시하며 상대의 능력과 내적 기질을 인정하는 것을 말한다. 존중은 우리가 각자의 주체성을 유지한 채 관계를 이어갈 수 있도록 해준다. 서로 존중하기에 자신의 자존감을 지킬 수 있고, 타인의 자주성 또한 지킬 수 있다.

존중은 배움을 통해 습득할 수 있다. 심리학자 홀로만과 예이츠가 존중의 뜻을 표현하는 11가지 어휘를 정리했는데, 그 내용은 다음과 같다.

① 격려의 말

② 관용의 말

③ 서로를 이끌어주는 말

④ 서로를 존중하고자 하는 말

⑤ 더 큰 기대를 품은 말

⑥ 미래에 대한 기대감을 표현하는 말

⑦ 사랑한다는 말

⑧ 솔직한 마음을 나누는 말

⑨ 상대에 대한 이해를 표현하는 말

⑩ 서로가 서로에게 협력과 공조의 대상임을 밝히는 말

⑪ 서로의 책임을 중시한다는 말

존중을 표현하는 방식에는 여러 가지가 있지만 그 무엇보다도 말로 하는 표현이 가장 중요하다. 상대에 대한 존중은 단순히 부정을 하지 않고 간섭을 하지 않는다고 다가 아니다. 대화를 통해 좀 더 적극적으로 상호 존중을 드러내는 분위기를 만들어야 한다.

소위 양성 전문가들은 말한다.
우정과 존중을 기반으로 한 사랑이 오래가는 법이라고……
젠장, 그들의 말이 맞았다!

_ 메리언 키스

문학가 무신의 글에 따르면 '예전에는 시간이 느리게 흘렀다. 수레와 말도, 우편도 모두 느렸다. 그래서 평생 한 사람만을 사랑하기에 충분했다.'

현대인의 행복은 속도와 선택에서 기인한다. 손만 뻗으면 뭐든 쉽게 얻어지는 세상에 살고 있기 때문이다. 그러나 뭐든 쉽게 손에 넣을 수 있기에 불행하기도 하다. 연애 감정이 지극히 기본적인 상호작용에서 비롯된다는 사실조차 잊어버릴 때가 많으니 말이다.

예일대학교 심리학과 교수 로버트 스턴버그는 사랑의 삼각형 이론을 통해 온전한 삼각형, 즉 완벽한 사랑을 이루기 위해서는 친밀감Intimacy, 열정Passion, 헌신Commitment이라는 세 꼭짓점이 필요하다고 말했다. 그러나 현실생활 속에서 이 세 꼭짓점이 완벽한 정삼각형을 이루는 경우는 거의 드물다. 시간이 흐름에 따라 어느 한쪽의 비중이 달라지게 마련이기 때문이다. 예컨대 불꽃처럼 열정적이던 두 사람의 감정은 점점 친밀감을 더하며 상온을 찾아갈 테고, 결국 헌신에 의지해 난관을 헤쳐 나아가는 사이가 될지도 모른다.

친밀감, 열정, 헌신 중 당장 어떤 요소를 중요시하든 관계를 지속해 나아가려면 기꺼이 노력하는 자세가 필요하다. 신뢰를 쌓고 서로를 존중하려는 모든 노력이 사랑을 만들고 또 그 사랑을 유지시켜주는 좋은 방법이 될 것이다.

감정의 충돌이 일어났을 때는 적극적으로 나서서 되도록 빨리 문제를 해결하는 것이 좋다. 만약 단시간 안에 해결할 수 없는 문제라면 자신의 고집을 앞세우기보다 상대의 의견을 수용해보라. 그렇다면 분명 좋은 결과를 얻을 수 있을 것이다. 억지로 맞서기만 하면 복잡한 삶이 더 복잡해지고 삶의 무게만 늘어날 뿐이다. 그러니 현대 사회에서 연애를 하려면 앞서 언급한 여러 도구를 잘 활용해 자신의 마음을 충분히 표현하고 좋은 점을 찾는 법을 배우며 서로 존중해야 한다.

왠지 모를 불안감에 저절로 타인을 의심하게 되는 상황이 오면, 너무 많은 선택에 마음이 흔들려 더 신선한 연애 감정을 찾아 나서고 싶어지는 상황이 오면, 돈 문제로 상대와 논쟁을 하게 되는 상황이 오면 '소통', '이해', '존중' 등 세 개의 키워드만 되새겨보라.

이 세 가지를 문제 해결의 최고 원칙으로 삼아 모든 감정을 소중히 하고자 하는 마음을 유지한다면 시대가 바뀌어도 사람다운 사람이 될 수 있다.

연애할 때 주의해야 할 몇 가지

사회적 변화와 과학 기술의 발달로 사람을 만나기 쉬워진 만큼 헤어지기도 쉬워졌다. 인생의 수많은 선택 기로에 서 있을 때, 시간과 함께 쾌락이 사라져갈 때, 어떻게 해야 사랑의 온도를 유지할 수 있을까?

사생활 vs. 안정감

믿으니까 볼 수 있지만
믿기 때문에 봐서는 안 된다.

결정공포증 떨쳐버리기

가장 중요한 건 최고의 선택을 하는 것이
아니라 자신의 선택을 최고로 만드는 일이다.

쾌락적응 현상 이해하기

열애가 가져다주는 쾌락도 결국 시간에 의해
희석되게 마련이다. 그러나 함께 새로운 시도를
해나가면 쾌락적응을 미룰 수 있다.

공평함보다는 마음 씀씀이

경제적 능력이 어떻든 상관없이
상대가 돈을 내는 것을 당연시해서는 안 된다.
고마움을 표현하고 서로를 존중하자.

Chapter 6

사람은 누구나 게으름을 피운다

심리학을 통해 배운 미루는 버릇 극복법

최근 읽은 기사에 '성인 중 20퍼센트가 만성적인 미루기 환자 Chronic Procrastinator'라는 내용이 있었다. 이를 보고 문득 이런 생각이 들었다. '잠깐, 80~90퍼센트가 아니고?'

대학 시절 나는 지독한 미루기 환자였다. 그런 탓에 리포트 작성을 미뤄두기 일쑤였고, 제출 기한이 코앞에 닥쳐서야 극지 마라톤을 뛰듯 2, 3일 밤을 새워가며 죽기 살기로 데드라인을 맞췄다. 매번 이렇게 조급히 리포트를 작성하다 보니 결과물이 만족스럽지 않은 건 당연지사였다. 물론 나도 잘 알고 있었다. 좀 더 계획적으로 과제를 완수했다면 결과가 그렇게 참담하지는 않았을 거라는 걸!

'다음에는 꼭 일찌감치 시작해야지!'

데드라인을 맞추고 녹초가 된 채로 이렇게 반성도 해봤지만 그다음에도 역시나 마찬가지였다.

미루는 버릇을 극복해보겠다고 학교 도서관에서 관련 심리학책까지 빌려봤지만 결국 반납 기한을 넘겨 벌금을 낸 적도 있다! 그래서 나는 누구보다도 미루기 환자들을 이해한다. 그것도 아주 잘!

미루기 환자들에게는 이상한 특징이 있다. 무슨 일이든 미루고 보는 것이 아니라 중요한 일만 골라서 미룬다는 점이다. 그렇다고 행동이 굼뜬 건 결코 아니다. 오히려 손발이 잰 경우가 많다. 그런데 꼭 차근차근 계획적으로 진행할 필요가 있는 일에는 잰 손발을 활용하지 못한다. 왜 그러는 걸까?

'세상과 싸워 이기려면 자기 자신부터 이겨야 한다'는 말이 있듯 성공의 길로 가기 위해서는 미루는 버릇을 극복해야만 한다. 그러나 단순한 의지만으로는 부족하다. 미루는 버릇은 여러 복잡한 심리적 요인을 포함하고 있어 힘으로 어떻게 한다고 해서 해결될 문제가 아니기 때문이다. 자동차가 움직이지 않을 때에는 아무리 시동을 걸고 액셀러레이터를 밟아봐도 소용이 없는 것처럼 이럴 때에는 보닛을 열고 무슨 문제가 있는지를 들여다봐야 한다.

이번 챕터에서는 미루는 버릇에 대한 심리학 연구 결과를 종합해 미루기 환자에서 벗어날 수 있는 연습 방법을 공유해볼까 한다. 나에게도 많은 도움을 주었던 유용한 방법들이니, 당신에게도 도움이 되길 바란다.

당신은 어떤 유형의 미루기 환자인가?

역사적으로 위대한 창작가들 중에 미루는 버릇을 가진 사람이 많았다. 그리고 이 중 일부는 이를 극복하는 나름의 방법을 고안해내기도 했다. 《레미제라블》, 《노트르담 드 파리》의 작가 빅토르 위고의 경우 매일 글을 쓰기 전 항상 허름한 옷으로 갈아입었다고 한다. 남보기 부끄러운 차림을 하고 있어야 글을 쓰다 말고 외출하는 일 없이 얌전히 서재에서 몰입할 수 있기 때문이다.

미국의 저명한 작가 허먼 멜빌 역시 심각한 미루기 환자로 유명했다. 《모비딕》의 종반부를 집필할 무렵 그는 아내에게 쇠사슬로 자신을 책상 앞에 묶어두고 목표한 진도를 나가기 전까지 절대 풀어주지 말라 부탁했다고 한다.

어떤 사람들은 미루는 버릇과 창의력이 연관되었다고 하는데 실제로 이에 관한 연구 결과가 있다. 관련 연구에 따르면 사람이 늑장을 부릴 때 그 일을 마음에 담아두게 되는데 이러한 '걱정'이 창의적인 생각을 하는 데 도움을 준다고 한다. 그러나 일을 미루는 행동이 초래하는 나쁜 결과는 모든 장점을 상쇄하고도 남는다. 특히 회사에서 협업을 하는 경우 일을 미루면 남들에게 큰 폐를 끼치게 되므로 더 이상 '예술가 기질'을 핑계로 일을 미뤄서는 안 된다!

심리학자들은 일상생활에서 자주 볼 수 있는 미루기 환자의 유형을 크게 네 가지로 분류한다.

첫 번째는 마지막 순간까지 미뤄뒀다가 막판 스퍼트를 내고 싶어 하는 유형이다. 어떤 이들은 중요한 마지막 순간에 단숨에 일을 끝내는 느낌을 즐기고, 심지어 그 과정에서 짜릿함을 느끼기도 한다. 그러나 이렇게 늑장을 부리면 스스로 불필요한 스트레스를 받을뿐더러 좋은 결과도 보장할 수 없다.

두 번째는 도피심리에서 비롯된 미루기 환자다. 해당 유형의 미루기 환자는 습관적으로 어떤 일을 끝내고 나면 비판과 실패를 마주하게 될 거라는 가설을 세운다. 이처럼 항상 두려움을 가득 안고 있기 때문에 자연스레 일을 미루게 되는 것이다. 사실, 거의 모든 사람이 자신이 하는 일에 대해 어느 정도 결과를 예상해보기는 하지만 그렇다고 모든 사람이 이를 이유로 늑장과 도피를 선택하지는 않는다. 결과에 대한 두려움으로 일을 미루는 유형은 자신의 능력에 대한 자신감이 부족한 사람이 대부분이다.

세 번째는 선택의 어려움으로 미루기 환자가 된 유형이다. 이 유형의 사람은 쉽게 고민에 빠지고, 또 자신의 결정에 쉽게 동요한다. 이런 유형은 자신이 한 모든 선택이 옳은 것 같다가도 이내 그른 것 같다는 생각이 들어 좀처럼 결정을 내리지 못하고 점점 일을 미루며 정신적 에너지를 소모하는 특징이 있다. 어떠한 일에 판단이 서지 않을 때에는 특히 더 하다. 그 일이 가치 있는 일인지, 그 일을 함으로써 자신이 즐거움을 느낄 수 있는지를 고민하면서 자연스레 일을 미루게 되기 때문이다.

네 번째는 유달리 충동적이고 스릴을 즐기는 유형이다. 이 유형에 속하는 사람은 일반적으로 더 재미있고, 더 흥미로운 일을 찾는 데 정신이 팔려 있다. 그만큼 한눈을 잘 팔고 시간 개념도 부족한 편이다. 자신이 좋아하는 일을 할 때에는 시간 가는 줄 모르고 몰두하지만, 싫어하는 일을 할 때에는 좀처럼 집중하지 못해 거의 마지막 순간까지 미룬다.

미루는 버릇을 고치고 싶다면 먼저 자신이 어떤 유형에 가까운지를 살펴보라. 유형별로 각자의 동기가 조금씩 다르니 이에 대해 조금 더 알아본다면 자기 자신과의 대화를 나누는 데 도움 될 것이다.

단, 자신이 어느 유형에 속하든 반드시 알아야 할 한 가지가 있다. 바로 당장의 즐거움과 미래의 즐거움에 대한 자신의 생각이다. 그러니 자신의 머릿속으로 들어가 그 안에 살고 있는 원숭이를 만나보자.

현재의 만족을 추구하는 원숭이 길들이기

사람들의 머릿속에는 '현재의 만족을 추구하는 원숭이Instant Gratification Monkey'가 살고 있다. 이는 심리학계에서 자주 사용하는 일종의 비유인데 개인적으로 정말 생동감 있는 표현이라고 생각한다.

'현재의 만족을 추구하는 원숭이'는 당장을 즐기려는 우리의 일면을 대표한다. 녀석은 우리의 '대뇌변연계'에 살고 있는데, 대뇌변연계는 본능적이고 원초적인 감정을 일으키는 대뇌의 한 부위다. 반대로 이성적이고 자율적인 사고는 '전전두피질'이라는 부위가 관장한다. 전전두피질은 인간이 다른 포유류 동물보다 훨씬 진화하고 발전했음을 보여주는 가장 명확한 증거로, 정보의 분석과 정리 그리고 계획과 결정 등을 담당한다. 당장의 즐거움보다 더 중요한 목표가 있다는 사실을 일깨워 욕망을 제어하도록 하기 때문에 현재의 만족을 추구하는 원숭이와 항상 줄다리기를 벌인다.

예를 들어 요즘 한창 다이어트 중인 당신의 눈앞에 맛있는 과자가 놓여 있다고 가정해보자. 이때 당신의 전전두피질은 "너무 많이 먹으면 안 돼. 밤에 간식을 먹으면 살도 찌고 건강에 안 좋아"라는 이성적 판단을 하게 한다. 그러나 현재의 만족을 추구하는 원숭이가 뛰어나와 "무슨 상관이야! 그냥 지금 포장을 뜯어. 맛있게 먹으면 그만이지!"라고 훼방을 놓는 식이다. 물론 이때 과자를 내려놓는다면 전전두피질의 승리로 돌아간다. 그러나 과자를 하나 집어 들어 그 맛을 보게 되면 원초적 감정을 일으키는 대뇌의 원숭이를 자극해 그 길로 게임은 끝이다. '딱 하나만 먹자!'라고 생각했겠지만 과자를 맛보는 순간 이미 멈추지 못하는 자신을 발견하게 될 테니 말이다.

어떻게 하면 자신의 원숭이와 잘 지낼 수 있을지 그 방법을 배우고 이를 연습하는 일은 우리의 성장 과정에 매우 중요한 부분을 차지한다. 그 때문에 우리는 스스로 일어나 제때 출근을 하고, 길고 지루한 회의를 견뎌내며, 세금계산서를 작성하는 방법 등을 배운다. 문제는 반드시 해야 할 일들이지만 선택의 상황에 놓이는 순간들이다.

금요일 오후 3시 30분, 다음 달에 제출해야 할 보고서를 준비하느냐, 동료들과 함께 커피 한잔을 하러 가느냐 선택의 기로에 놓인 당신! 이때 당신은 생각한다.

'겨우 커피 한잔인데 뭐! 동료들과 함께 회사에 떠도는 소문도 이야기하고 친목 도모도 하자.'

사실 이러한 마음의 목소리는 '현재의 만족을 추구하는 원숭이'

가 배후에서 목소리를 내고, 당신의 전전두피질이 자신의 행동을 합리화할 핑계를 찾아 완성한 결과물이다.

그리하여 이성적인 우리는 당장 하고 싶지 않은 일이 있을 때면 항상 자신과 타협하며 온갖 방법으로 하기 싫은 그 일을 대신할 무엇을 찾는다. 보고서를 쓰기 싫어서 잔뜩 쌓아두었던 이메일에 회신을 보내기 시작하고, 이메일 회신을 보내기가 귀찮아서 책상 정리를 시작하는 식이다. 그러나 뭔가 계속 일을 하고 있는 것 같지만 사실 우리는 스스로 타협하고 있을 뿐이다. 우선적으로 처리해야 할 일들을 전혀 하고 있지 않기 때문이다.

미루는 병을 고치려면 의지만으로는 부족하다. 의지는 언젠가 사그라질뿐더러 피로감을 안기는데, 현재의 만족을 추구하는 원숭이는 우리가 피로를 느낄 때를 놓치지 않기 때문이다. 이럴 때 우리가

185

해야 할 일은 원숭이를 놀이공원으로 보내는 것이다.

쉿, 원숭이에게는 비밀이다! '놀이공원'은 그저 구실일 뿐, 사실 원숭이와 게임을 하며 녀석을 길들이는 게 목적이다.

이를 위해서는 일단 미끼를 투척해야 한다. 즉, 목표를 설정해 반드시 해야 할 일을 적은 다음 게임의 규칙과 시간을 정해야 한다는 뜻이다. 예컨대 연말 보고서를 작성해야 하는 경우라면 '30분 동안 지난 자료 정리하기'를 게임의 규칙으로 정할 수 있다.

마지막으로 필요한 건 바로 보상이다. 원숭이에게 '30분 동안 자료 정리를 하고 나면 커피숍에 가서 맛있는 디저트를 먹자'라는 보상을 내걸면 된다.

설정한 목표가 명확하고 게임의 난도가 적절하며 시간 설정 또한 합리적이라면 원숭이도 기꺼이 시도해보려 할 것이다. 이로써 현재의 만족을 추구하는 원숭이와의 타협은 성공이니, 그다음은 서둘러 행동에 나서자!

정해진 시간 동안 확실히 목표를 달성했다면 반드시 약속한 대로 커피숍에서 디저트를 먹으며 원숭이에게 보상을 해줘야 한다. 어쨌든 이는 스스로 상을 주는 일이기 때문에 일석이조라고 할 수 있다. 물론 30분을 일하고 반나절을 쉬는 등의 과한 보상은 피해야 한다. 요컨대 당신은 당신 자신을 믿어야 한다. 현재의 만족을 추구하는 원숭이는 그렇게 만만한 상대가 아니기 때문이다.

현재의 만족을 추구하는 원숭이를 상대하려면 정말로 동물 길들이듯 해야 한다. 방법은 간단하다. 반복적으로 목표를 달성하고, 자신과의 약속을 이행하면 머릿속 원숭이를 순종적으로 만들 수 있는

데, 그렇게 일이 어느 정도 궤도에 오르면 더 큰 성취감을 얻으면서 선순환을 형성하게 된다. 그러니 자신에게 보상을 하는 동시에 그 좋은 기분으로 다음 목표와 보상을 계획해 일련의 목표를 완성할 수 있도록 하자.

- 목표 설정하기
- 규칙과 시간 정하기
- 보상하기

이 세 가지 단계를 활용해 현재의 만족을 추구하는 원숭이와의 교류 패턴을 만들고 서로에 대한 믿음을 키워라.

'집을 지으려면 벽돌을 쌓아 올리는 일부터 시작해야 한다.'
이 말에는 아무리 복잡해 보이는 일도 가장 기본적인 것에서부터 시작하면 된다는 뜻이 담겨 있는데, 여기서의 요점은 바로 '행동'이다.
사실, 목표는 설정했지만 계획적인 행동이 뒷받침되지 못해 일을 미루게 되는 경우가 많다. 어떤 일을 끝낼 수 있을 거라는 믿음이 부족하다 보니 하기가 싫어지고, 하기가 싫어지니 차일피일 자꾸만 일을 미루게 되는 것이다. 따라서 제대로 된 계획을 세우는 것이 매우 중요하다. 일단 제대로 계획을 세워놓으면 그것을 실행하면서 맞닥뜨리게 될 장애물은 차치하더라도 어떻게 시작해야 할지 몰라 노력을 미루는 일은 없을 테니 말이다.

이를 위해서는 먼저 큰 임무를 세분화하는 과정이 필요하다. '30분 또는 60분 일하고 10분 쉬기' 등과 같이 되도록 일정표를 만들어 합리적으로 일을 안배하는 것이 좋다.

예컨대 다음 주에 시험이 있다면 먼저 복습할 자료를 모두 꺼내 일일 단위로 복습할 분량을 나눈 후 이를 계획표로 작성하라. 계획표를 다 작성했다면 되도록 자신에게 편안한 환경을 조성해 차분히 마음을 가라앉히는 것이 좋다. 다시 말해서 본격적으로 책을 펼치기 전에 미리 준비할 수 있는 것들은 준비를 마쳐야 한다는 뜻이다. 물 한 잔을 미리 떠놓는다든지, 책상을 깨끗하게 정리한다든지, 가볍게 스트레칭을 한다든지 나름의 준비 동작을 통해 목표를 완수하는 데 방해가 될 요소를 사전에 제거하면 한결 순조롭게 계획을 시행할 수 있다. 이런 식으로 세분화한 계획을 하나하나 완수해가다 보면 궁극의 목표를 달성할 가능성이 훨씬 높아진다.

자, 이제 어떻게 계획을 해야 하는지 어느 정도 감이 잡히지 않는가? 어쩌면 이 순간 당신은 어떻게 '행동을 개시'해야 할지에 대한 고민을 벌써 시작했을지도 모르겠다. 특히 선택의 어려움 때문에 일을 미루는 '미루기 환자'라면, 우리의 인생에는 너무나 많은 변수가 존재하는데 그럴 때는 어찌해야 하나 묻고 싶을 것이다. 이에 내가 추천하는 방법은 아주 간단하다. 바로 '자신을 믿고 일단 첫발을 내디디는 것'이다! 어려운 일처럼 들릴지 모르지만 내 경험상으로는 가만히 고민하고 있는 것보다 훨씬 속이 편했다.

예전에 글을 쓸 때에는 결과물에 대한 너무 많은 기대 때문에 종일 고민만 하고 정작 펜을 들지 못하기 일쑤였다. 그러나 잘 쓰고 못

쓰고를 떠나 일단 나를 몰아세워 글쓰기를 시작하면 몸이 조금씩 그 상황에 적응을 했고, 이내 정신적으로도 몰입할 수 있었다. 그래서 요즘 나는 글을 쓸 때면 일단 펜을 들어 시작부터 하고 본다. 그러고는 나 자신에게 말한다.

'지금 내가 쓴 첫 문장이 꼭 내 글의 첫 문장이 되는 건 아니야. 그저 워밍업일 뿐이니 앞뒤 재지 말고 일단 쓰자!'

일단 조금이라도 움직여 목표를 향해 다가가는 것이 무엇보다 중요하다. 원숭이는 움직이길 좋아하니 녀석을 데리고 함께 움직여라. 그래야 녀석에게 끌려다니지 않을 수 있다.

미래지향적 인간 되기

만약 사장이 "퇴근 전까지 이 일 끝내놓으세요. 못 끝내면 큰일 납니다!"라고 말한다면 당신은 분명 곧바로 행동에 들어갈 것이다. 사장의 말과 함께 데드라인이 코앞에 닥쳤기 때문이다. 그러나 사장이 "연말까지 이 일 끝내놓으세요. 못 끝내면 큰일 납니다!"라고 말한다면 상황은 달라진다. 여전히 스트레스는 받겠지만 지금 당장이 아닌 연말까지라는 기한 때문에 마음의 여유가 생길 테니 말이다.

이쯤에서 모두에게 이런 질문을 던지고 싶다.

"당신은 지금이 더 즐겁길 바라는가? 아니면 앞으로가 더 즐겁길 바라는가?"

아마 대부분의 사람이 앞으로가 더 즐겁길 바란다고 대답하지 않을까 싶다. 이 질문에 대답을 내놓는 건 우리의 이성적인 전전두피질이기 때문이다. 문제는 '현재의 느낌'이 '먼 이성'보다 훨씬 실제적이고 구체적으로 다가온다는 사실이다. 어쨌든 우리는 현재를 살고 있고, 이런 우리에게 미래란 그저 다양한 변수를 품은 추상적 개념일 뿐이기 때문이다.

당신은 당신의 미래가 더 나아질 것이라고 생각하는가, 아니면 더 나빠질 것이라고 생각하는가? 지금의 행동이 미래를 바꿀 수 있다고 생각하는가, 아니면 지금 무슨 일을 하든 일어날 일은 반드시 일어나게 되어 있다고 생각하는가?

심리학자들의 연구 결과에 따르면 다음 두 가지 유형의 시간관을 가진 사람에게 미루는 버릇이 생기기 쉽다고 한다. 그중 한 가지는 앞으로 생길 일에 대해 지나치게 낙관적인 유형으로 자신이 아무것도 하지 않아도 예전처럼 무사히 지나갈 수 있을 거라고 믿는 사람이다. 다른 한 가지 유형은 자신이 무엇을 한다 해서 반드시 미래를 바꿀 수 있는 것은 아니라고 생각하는 일명 운명론자다. 이들은 일을 미루든 말든 결과에 영향을 주지 않으며 어차피 일어날 일은 반드시 일어난다고 믿는다.

만약 당신이 부정적인 편이거나 운명을 믿는 편이라면, 그래서 자신이 무엇을 하든 미래를 바꿀 수 없다고 생각한다면 마지막 챕터에 실린 '부정적인 감정 이겨내는 법'부터 익혀 자기효능감Self-efficacy 을 높인 다음 미루는 버릇을 고치길 추천한다.

낙관은 매우 긍정적인 마음가짐임에 틀림없다. 그러나 미래에 대한 지나친 낙관은 오히려 우리의 발목을 잡을 수 있다. 따라서 우리는 좀 더 현실적이고 신중한 태도로 미래에 일어날 수 있는 여러 상황을 예측해 이를 현실에 반영하는 연습해야 한다. 다시 말해서 우리는 미래 지향적인 인간이 되어야 한다.

다소 추상적인 얘기로 들린다면 함께 다음 실험 결과를 살펴보자.

직장인이라면 누구나 은퇴 준비는 빠르면 빠를수록 좋다는 사실을 잘 알고 있다. 그러나 25~35세의 젊은이 중 이미 자산 계획을 세우고 이를 실천하는 이는 극소수에 불과하다. 이에 캘리포니아주립대학 앤더슨 경영대학원의 교수 할 허시필드는 다음과 같은 실험을 통해 젊은이들의 생각을 180도 바꿔놓았다. 그는 먼저 실험에 참가한 대학생들의 사진을 노년의 모습으로 바꿔놓았다. 그런 다음 학생들이 헤드셋을 착용하고 가상현실VR 세계로 들어가 '노년이 된 미래의 자신'을 만나도록 했다.

가상현실 공간에서 자글자글 주름진 얼굴에 변해버린 체형을 가진 노년의 자신을 만났다고 상상해보라. 가상의 모습이라 뭔가 어설픈 구석이 있을지도 모르지만 자신의 모습임을 알아본 순간 분명 복잡 미묘한 감정에 사로잡힐 것이다.

이 체험을 마친 후 허시필드는 학생들에게 자산관리 계획에 관한 질문이 담긴 설문지를 작성하도록 했다. 그 결과 노년의 자신을 만난 학생들이 노년의 자신을 보지 못한 대조군보다 두 배나 많은 돈을 노후자금으로 마련하겠노라 답했다.

사실, '미래의 자신'이 어떤 모습일지를 상상하고 이를 자신과 동일시하기란 쉬운 일이 아니다. 그러나 '미래의 자신'을 사실적인 모습으로 만들어, 이를 보고 느낄 수 있게 된다면 문제를 바라보는 시각 자체가 달라져 자연스레 절박함이 생긴다.

그러므로 먼 계획을 마주할 때에는 어떻게든 미래 상황에 현실감을 부여해야 한다. 예컨대 분기 말까지 보고서를 제출해야 하는 상황이라면 먼저 눈을 감고 보고서를 제출하는 그날의 당신을 상상해보라. 일을 미루고 또 미루다 발등에 불이 떨어진 당신의 모습은 어떠한가? 밤샘으로 다크서클이 짙게 드리운 얼굴과 어수선한 책상, 여기저기 널려 있는 자료들, 그리고 반쯤 먹다 남긴 도시락까지……. 그런데 이때 갑자기 컴퓨터가 고장 난다면? 이는 얼마든지 있을 수 있는 일이다. 마음이 급할수록 머피의 법칙은 더 잘 작용되지 않던가? 지금 상상 속의 당신은 울화통이 터지기 일보직전이다!

이렇게 구체적으로 상상의 나래를 펼치다 보면 어느새 긴장감을 느끼기 시작한 자신을 발견하게 될 것이다. 그렇다면 이제 다시 눈을 뜨고 보고서 작성 계획을 세울 차례다. 이쯤 되면 현재의 만족을

배고파……

추구하는 원숭이도 꼼짝 못할 테니 말이다. 왜냐? '느낌'을 통해 이미 녀석에게 일의 심각성을 일깨웠기 때문이다.

일을 미루지 않는 사람이 되려면 자신의 시간관부터 바로잡아 멀리 보는 습관을 들이고, 일을 미뤘을 때의 후환을 예상하며 적당한 스트레스를 받을 줄 알아야 한다. 이는 결코 비관적인 사람이 되라는 뜻이 아니라 현실적 태도로 미래를 내다보고 미리 준비를 하는 사람이 되라는 뜻이다.

머지않아 이제는 정말 더는 미룰 수 없음을 느끼게 될 테니 말이다!

투 두 리스트의 놀라운 효과

사람들은 투 두 리스트To-Do List를 작성하길 좋아한다. 그래서인지 가장 완벽한 기능을 탑재한 투 두 리스트라고 자칭하는 앱과 소프트웨어가 넘쳐난다. 그러나 솔직히 말해서 아무리 엄청난 시스템이 있고, 또 이러한 시스템을 활용한다 하더라도 일을 미룰 사람은 여전히 미룬다.

심리학자들의 연구 결과에 따르면 사람은 해야 할 일들을 나열하는 행동 자체에 이미 어느 정도 진도를 나갔다 착각을 하고, 이로써 압박감의 해소와 함께 약간의 성취감을 느낀다고 한다. 그러나 이러한 성취감은 사람을 해이하게 만들어 오히려 본격적인 행동을 시작하는 데 걸림돌이 된다. 그래서 일부 미루기 환자들은 자신이 해야할 일들을 기가 막히게 정리하지만 정작 그들이 하루 종일 한 일은 리스트 작성뿐인 경우가 허다하다.

한편, 투 두 리스트가 너무 길어져도 문제였다. '어차피 당장 해결하지 못할 일, 걱정해 무엇하랴' 하는 생각에 오히려 태평해져 리스트에 적힌 일 자체를 외면하거나 쉬운 일들만 골라서 하려는 경향을 보인 것이다. 복잡한 일이든 단순한 일이든 어차피 모두 해야 할 일이라면 쉬운 일부터 완료해 일단 투 두 리스트의 항목부터 줄이는 게 상책이라고 착각하기 때문이다.

그런 까닭에 투 두 리스트를 작성할 때에는 반드시 지켜야 할 중요한 원칙이 있는데, 그것은 바로 '빅3 법칙The Rule of Three'이다.

'빅3 법칙'이란 투 두 리스트 중, 매일 세 가지 항목을 골라 우선적으로 완료하는 방법을 말한다. 다시 말해서 하루에 세 가지 이상의 일을 하려고 하지 말라는 뜻이다. 그렇다면 어떤 일을 우선적으로 선택해야 할까? 내가 추천하는 방법은 다음과 같다.

먼저 이메일 회신하기처럼 하기 쉬운 일을 선택해 이를 우선적으로 완료한다. 요점은 '쉽고 간단한 일'로 첫 단추를 끼우는 것이다.

그런 다음에는 장기 계획에 포함되어 있는 일을 선택한다. 예컨대 연말 보고서 작성을 위한 준비 작업처럼 오늘 반드시 해야 하는 일은 아니지만 매일 조금씩 진도를 나가면 도움 되는 일을 고르면 된다.

마지막으로 선택해야 할 것은 오늘 반드시 처리해야 할 일이다.

내가 이 방법을 추천하는 이유는 간단하다. 우리의 의지력은 마치 근육과도 같기 때문이다. 근육을 만들려면 몸 풀기를 해야 하듯 의지력을 키우는 데에는 마음의 준비운동이 필요하다. 처음부터 고강도 훈련을 하면 부상을 당할 가능성이 커지고 제대로 된 운동 효과도 볼 수 없는 것과 같은 이치다. 한마디로 난도가 낮은 일을 완료하는 것으로 워밍업을 해줘야 착실히 다음 단계를 밟아갈 수 있다.

심리학 용어 중에 '자이가르닉 효과Zeigarnik Effect'라는 말이 있다. 매듭지지 못한 일을 마음속에서 쉽게 지우지 못하는 현상을 일컫는 말이다. 바꿔 말하면 우리가 어떤 일을 미룰 때마다 사실은 그 일을 가슴에 담고 스스로 스트레스를 받게 된다는 뜻이다. 그러니 쉽게 완료할 수 있는 일부터 시작해 약간의 성취감을 얻는 동시에 스트레스를 줄여 계속 앞으로 나아갈 힘을 부여하라. 그런 다음 이 힘을 '당장 급하지는 않지만 언젠가는 해야 할 일'에 쏟아 어느 정도 진도를 뺀 후 '오늘 반드시 해야 할 일'을 처리하면 미루기 병을 잠재울 수 있다.

혹자는 이런 질문을 할지도 모르겠다.

"오늘 꼭 해야 할 일이 정말 많은데 가장 급한 일부터 끝내고 다른 일을 하면 안 되나요?"

물론 그건 당신의 삶이니 당신 스스로 결정할 수 있다. 하지만 한 번 생각해보라. 원래는 그리 급하지 않았던 일을 마지막 순간까지 미루고 미뤄 지금 하지 않으면 안 되는 일이 되어버리지 않았는가? 그렇다면 오늘부터 방법을 달리해보는 건 어떨까? 당장 처리해야 하는 일이 너무 많다면 취사선택을 통해 일부를 다른 사람에게 맡기는 것도 한 방법이다.

요컨대 길고 긴 투 두 리스트에 압도당하지 않으려면 '빅3 법칙'을 활용한 취사선택으로 일에 우선순위를 매겨라. 매일 잠자리 들기 전 다음 날 해야 할 세 가지 일을 나열해보는 것도 좋은 방법이다. 그러면 아침부터 그날의 할 일을 정하느라 고민하는 시간을 절약해 일 처리 시간을 앞당길 수 있다.

중요한 건 일정표에 적힌 우선순위가 아니라
당신 인생의 우선순위를 정하는 것이다.
_ **스티븐 코비**

포모도로 테크닉

우리가 항상 일을 미루게 되는 또 다른 이유는 바로 '멀티태스킹'을 하려 하기 때문이다.

대부분의 직장인은 멀티태스킹을 대단한 능력이라고 생각한다. 컴퓨터에 여러 개의 창을 모두 띄워놓고 이 일, 저 일을 신속하게 처리하면서 멋진 컨트롤러가 된 듯한 기분을 느끼기도 한다.

그러나 연구 결과에 따르면 멀티태스킹은 그리 효율적인 일 처리 방법이 아니다. 엄밀히 따지면 동시에 여러 일을 처리한다기보다는 끊임없이 주의력 스위치를 전환하고 있다 봐야 하기 때문이다. 기능적 자기공명 영상fMRI 장비를 이용해 멀티태스킹을 할 때의 뇌 반응을 촬영한 결과 우리가 멀티태스킹을 하는 데 최소 네 개의 대뇌 부위가 동원되는 것으로 나타났다. 전전두피질이 주의를 전환해 수행할 임무를 선택하면, 후두정엽이 임무별 규칙을 파악하고, 다시 전

대상피질이 오류를 검사해 전운동피질이 변화된 동작을 수행하도록 하는 식이었다. 이 모든 변화는 1/10초 만에 완료되었지만 정말이지 우리의 대뇌에 박수를 쳐줘야 한다. 이렇게 하루 동안 끊임없이 주의를 전환한다면 업무 효율이 40퍼센트나 저하될 수 있다! 그러니 멀티태스킹은 그만 멈춰라! 이는 오히려 당신의 미루기 병을 더 악화시킬 뿐이다.

효율적인 일 처리를 위해 내가 추천하는 방법은 '포모도로 테크닉The Pomodoro Technique'이다. 포모도로란 이탈리아어로 '토마토'라는 뜻인데, 프란체스코 시릴로가 토마토 모양의 키친 타이머를 보고 영감을 받아 만든 테크닉이라 포모도로라는 이름이 붙었다고 한다. 이 방법을 활용하기 위해 꼭 필요한 준비물은 타이머다. 일반적으로 키친 타이머가 가장 좋기는 하지만 없다면 애플리케이션이나 아날로그 타이머를 사용해도 무방하다.

타이머를 준비했다면 그다음은 아주 간단하다. 한 번에 한 가지 일에만 집중할 수 있도록 휴대전화를 매너모드로 전환하고 이메일이나 일과 관련 없는 인터넷 창을 모두 닫은 다음, 25분 후 알람이 울리도록 타이머를 설정하고 그 시간 동안 해야 할 일에 집중하면 된다. 25분 후 알람이 울리면 자리에서 일어나 가볍게 몸을 움직이며 5분간 휴식을 취하는데 이렇게 하는 것이 한 세트다.

이때 중요한 점은 일을 할 때에는 무조건 일에만 집중하고, 휴식을 할 때에는 확실히 쉬어줘야 한다는 것이다. 잠시 밖에 나가 바람을 쐬는 것도 좋고, 동료들과 이야기를 나눈다든지 음악을 듣는 등 업무 모드에서 벗어날 수 있는 일이면 뭐든 괜찮다.

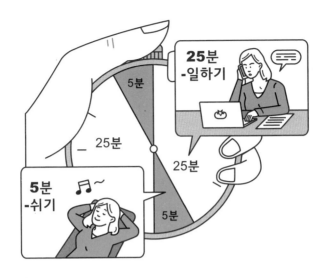

이렇게 25분간 일하고 5분간 휴식 취하기를 4세트에서 5세트 반복한 다음 다시 15분간의 휴식을 취한다. 이것이 포모도로 테크닉의 전부다! 정말 간단한 방법이지만 그 효과는 실로 대단하다. 확실한 시간 제한과 고정적인 휴식이 주어질 때 우리는 다른 유혹을 이겨내고 좀 더 집중력을 발휘해 업무 효율을 높일 수 있기 때문이다.

인터넷에 접속해 '타이머'를 검색하면 무료로 다운받을 수 있는 앱이 많을 테니 지금 바로 포모도로 테크닉을 활용해보라.

나는 내가 아무것도 할 수 없음을 걱정할 뿐
결코 내 행동의 결과에 대해 걱정하지 않는다.
_ 윈스턴 처칠

'사람은 누구나 늑장을 부리지만 그렇다고 모든 사람이 미루기 병에 걸린 것은 아닙니다.'

앞서 언급했던 기사 중 '미루기 병' 연구 분야의 권위자인 조셉 페라리가 한 말이다.

사실 나도 아직 가끔은 일을 미룰 때가 있고, 또 어떨 때는 일이 지연되기도 한다. 이 책의 탈고처럼 말이다! 그러나 지금 일이 지연되고 있는 이유는 내가 행동하기를 미뤄서가 아니라 마냥 순조롭지만은 않은 창작 과정 때문이다. 예컨대 이 책과 관련한 프로그램을 촬영할 때가 그랬다. 당시 기대에 미치지 못하는 결과물에 몇 번이고 다시 촬영을 해야 하는 상황이 발생했고, 일이 지연되면서 제작진 모두의 신경이 곤두섰다. 그러나 이럴 때일수록 너그러움이 필요했다. 일이 지연된 건 좋은 결과를 만들기 위해서지, 어느 누구의 부족함 때문이 아니었으니 말이다. 그래서 나는 조바심을 내기보다 여러 시스템을 동원해 실수와 좌절을 바탕으로 다음에 더 잘할 수 있는 방법을 공부했다. 그러느라 처음에는 잠을 포기하는 날도 많았지만 이제는 나도 제작진도 점점 자리를 잡아가며 날로 효율을 높여가고 있다.

무슨 일이든 시작이 어려운 법이다. 내가 이런저런 방법을 공유한 이유는 바로 이 어려운 시작을 돕고자 하는 마음에서다. 그러니 현재의 행복을 추구하는 원숭이와 소통하는 법을 익히고, 이성적이고 현실적인 계획을 세우는 방법을 배워 자신을 믿고 행동하라. 와신상담과 적극적인 노력만이 매일 자신과의 싸움에서 승리할 수 있는 유일한 방법이다. 이제 끊임없는 연습으로 다음의 기술들을 내재화하

자. 그다음 달라진 자신이 되는 건? 당신의 몫이다.

① 업무를 세분화하고 이를 하나씩 완수할 때마다 자신에게 적절한 보상을 하라.

② 일을 미뤘을 때 자신에게 닥칠 일들을 상상해 현재의 자신에게 미래에 대한 위기감을 심어줘라.

③ 이것저것 생각하지 말고 지금 당장 시작하라! 직접적인 행동으로 워밍업을 하면 업무 모드로의 전환은 그리 어려운 일이 아니다.

④ 투 두 리스트를 작성할 때에는 '빅3 법칙'을 기억하라.

⑤ 멀티태스킹 대신 포모도로 테크닉을 활용해 짧은 시간 동안 집중하는 연습을 하라.

다시 말하지만 사람은 누구나 능장을 부린다. 그렇지 않으면 그 많은 심리학 연구도 진행되지 않았을 것이다. 그러니 절대 자신의 의지력이 약하다고 실망하지 마라. 원인을 찾아내 여러 방법을 시도하다 보면 자신에게 맞는 업무 환경과 프로세스를 디자인해 중증 미루기 환자가 되는 것을 막을 수 있다.

나를 믿고 당신 자신을 믿어라. 당신은 분명 할 수 있다!

미루는 버릇 극복법

사람은 누구나 능장을 부리지만 그렇다고 모든 사람이 미루기 병에 걸린 것은 아니다. 만약 당신이 일을 끝까지 미루기 일쑤라면 일을 시작하는 데 다음의 방법이 도움 될 것이다!

현재의 만족을 추구하는 원숭이 길들이기

원숭이에게 작은 목표를 던져주고 이를 달성하면 보상을 지급한다. 단, 신용을 지켜야 원숭이를 길들일 수 있다.

미래지향적 인간 되기

상상력으로 미래에 현실감을 부여하면 현재 필요한 동력을 얻을 수 있다.

빅3 법칙

투 두 리스트를 작성할 때에는 한 번에 세 가지를 넘지 않도록 하며, 미뤄두기 쉬운 일 한 가지를 반드시 포함시킨다.

포모도로 테크닉

짧게 시간을 설정해 그 시간 동안 확실히 집중해서 일했다면 반드시 휴식을 취해주어야 지치지 않는다.

일단 시작하고 보기

계속 고민해봤자 일의 효율만 떨어질 뿐이다. 문제는 행동을 할 때 비로소 해결할 수 있음을 명심하자.

note

Chapter 7

문제는 의지력이 아니다

심리학을 통해 배운 좋은 습관 기르는 법

어쩌면 당신은 내가 충실히 생활하며 매우 효율적으로 일한다고 생각할지도 모르겠다. 그러나 솔직히 말하건대 나 또한 나 자신과 매일 힘겨루기를 하고 있다.

내 부모님은 소위 성공한 분들이다. 아버지는 베스트셀러 작가이자 예술계에서 명망 있는 중국화 화가이고, 어머니는 세인트존스대학교의 입학처장을 지내며 수하에 40여 명의 비서를 거느린 바 있다. 부모님은 항상 바빴고 자기관리도 철저했다. 그러나 특별히 내게 일하는 습관이나 생활습관을 어떻게 길러야 하는지 가르쳐주지는 않았다.

사실, 초등학교에서 고등학교 때까지 나는 '스스로 습관을 기르는 일'의 중요성을 잘 몰랐다. 어차피 매일 정해진 시간표가 있었고 그 시간표를 착실히 따르면 그만이었으니 말이다. 그런 까닭에 대학에 진학하고 한동안 적응하는 데 꽤나 애를 먹었다. 대학에는 정해진 틀이 없었기 때문이다. 과목을 선택할 권리가 주어지고 스스로 공부 시간과 휴식 시간, 잠자는 시간을 결정해 매일 자유롭게 계획할 수 있게 되자 나의 시간표는 엉망이 되어 있었다.

물론 모든 학생이 다 나와 같았던 것은 아니다. 어떤 친구들은 우수한 성적을 유지하면서 서클 활동도 게을리하지 않았고 체력관리에 틈틈이 봉사 활동까지 하며 알찬 스케줄을 소화했다. 신기하게도 그들은 지친 기색 하나 없이 언제나 에너지가 넘쳤고 교내 파티에서도 누구보다 신나게 놀았다.

나는 그들이 남다른 의지력과 명석한 두뇌를 지녔기 때문에 빠른 속도로 일을 처리할 수 있는 거라고 생각했지만 사실은 그렇지 않았다. 나중에 알았지만 이 우수 학생들과 나 같은 일반 학생의 가장 큰 차이는 마땅히 해야 할 일을 습관으로 만드는 법을 아느냐 모르느냐에 있었다.

> 좋은 습관은 기르기 어렵지만 생활에 도움을 주고,
> 나쁜 습관은 기르기 쉽지만 생활에 악영향을 준다.
> **_ 마크 매트슨**

흔히 나쁜 습관이 생기긴 쉬워도 좋은 습관은 기르기 어렵다고 생각한다. 그러나 사실 꼭 그렇지만도 않다.

'좋은 습관'이란 현재와 가시적인 미래에 긍정적인 영향을 주는 지속적이고 고정적인 행위로, 어떤 것이 좋은 습관이냐는 각자의 상황에 따라 달라진다. 간단하게 예를 들자면 이렇다. 당신이 만약 몸조리가 필요한 상황이라 매일 한약을 달여 먹는다면 이는 당신에게 좋은 습관임에 틀림없다. 그러나 이미 건강을 회복해 한약 복용을 중단해도 되는 상황에 계속 한약을 달여 먹는다면 이는 꼭 좋은 습관이라고 할 수 없다. 어쩌면 오히려 이러한 습관이 몸에 부담을 줄 수도 있기 때문이다.

심리학을 이용해 행동 계획을 세울 줄 알면 새로운 습관을 기르는 일도 생각처럼 그리 어렵지만은 않다. 다만 뭐든 지나치면 오히려 거부반응을 일으켜 역효과를 불러올 수 있으니, '반드시 좋은 습관을 길러야 해'라는 강박을 버리고 대신 자기 자신한테 이렇게 말해 보자.

"뭐든 습관으로 만들 수 있고, 습관은 언제든 고칠 수 있어!"

계획을 망치는 이유

대다수의 사람이 습관 들이기에 실패하는 원인은 다음과 같다.

① 목표를 설정했지만 실천 계획을 세우지 않음

② 도중에 너무 많은 장애물이 나타남

③ 오로지 자신의 의지력만으로 계획을 완수하려 함

④ 자신의 정신력과 체력을 과대평가함

⑤ 실패 속에서 개선점을 찾으려 하지 않음

한 이야기를 예로 들어보자! 뚱이와 홀쭉이는 베스트 프렌드로, 대학 때부터 실과 바늘처럼 붙어 다녔다. 눈치챘겠지만 뚱이라는 별명은 줄곧 포동포동했던 그녀의 체형에서 비롯됐다. 한편 홀쭉이는 몸무게로 고민한 적은 없지만 저질 체력과 굴곡이라고는 찾아볼 수 없는 몸매를 가졌다. 요즘에는 일이 바빠 안색마저 좋지 않다.

그러던 어느 날 대학교 동창 모임이 있었다. 뚱이와 홀쭉이는 함께 모임에 참석했고 그날 오랫동안 연락이 끊겼던 한 친구를 만나 큰 충격을 받았다.

"세상에! 어쩜 그렇게 예뻐졌대! 예전엔 뚱이 너보다 더 통통하지 않았나? 그런데 지금은 몸매가 정말 장난 아니더라."

"걔는 갈수록 젊어지는데 우리는 사회생활 몇 년 만에 이렇게 찌든 모습이라니!"

그리하여 독하게 마음을 먹기로 한 두 사람은 저마다 맹세했다.

뚱이: 나 다이어트할 거야! 3개월 동안 5킬로그램을 감량하겠어!
홀쭉이: 난 피트니스 시작할 거야! 3개월 동안 균형 잡힌 몸매를 만들겠어!

각자의 계획을 실행하기로 한 첫째 날, 뚱이는 녹색 채소로 가득 채운 도시락을 들고 출근했다. 이윽고 점심때가 되자 그녀는 도시락을 열며 일부러 동료들에게 말했다.

"저 다이어트 시작했어요! 그러니 저 유혹하시면 안 돼요!"

그러자 한 동료가 말했다.

"오! 뚱이 씨 다이어트로 변신하는 거예요? 연애하려고?"

또 다른 동료가 말했다.

"다이어트에는 연애가 최고죠! 실연의 아픔 한 번이면 살이 쫙 빠질걸요!"

동료들의 농담 섞인 응원을 들으며 그날의 점심시간을 보낸 뚱이는 자신의 의지력이 대단하다고 생각했다. 퇴근을 하고 집에 돌아와 서도 그녀는 다이어트 의지를 불태우며 집에 있던 간식들을 모두 버렸다. 체중계도 구매해 매일 몸무게를 쟀다. 그렇게 초반 며칠은 괜찮았다. 효과도 즉각적으로 나타나 일주일 동안 1킬로그램이 빠졌다. 점심을 적게 먹고 저녁도 절식을 하다 보니 하루 종일 휘청거리기는 했지만 그래도 그녀는 성취감을 느꼈다.

그러나 2주 후 어느 날 아침, 체중계에 올라선 그녀는 깜짝 놀라고 말았다. 몸무게가 줄기는커녕 오히려 늘어났으니까!

'부기 때문일 거야.'

그녀는 이렇게 자신을 안심시켰다. 그날 저녁 생일을 맞은 동료를 축하하기 위해 저녁 모임이 잡혔고 그녀 역시 모임 장소인 철판구이 전문점으로 향했다. 가게의 문을 열고 들어서는 순간 물씬 풍겨오는 맛있는 냄새에 그녀는 결국 무장해제되어 외쳤다.

"여기 일인분이요!"

이에 생일 주인공은 신이 난 듯 말했다.

"그렇지! 자기 자신을 너무 괴롭히면 못써. 인생은 즐기는 거야. 오케이?"

그날 저녁 그녀는 생일 케이크도 두 조각이나 먹어치우며 정말 마음껏 식사를 즐겼다. 그러나 집에 돌아온 후 그녀의 마음은 죄책감으로 가득 찼다. 물론 다음 날 아침 몸무게를 잴 엄두도 내지 못했다. 다시 이틀 동안 어렵사리 절식을 하며 나름의 '사죄'를 하고 나니 온몸의 힘이 빠져나가 쓰러질 것만 같았다. 뚱이는 '그래, 이쯤이면 몸무게를 재봐도 괜찮겠지' 하고 생각했다.

그런데! 몸무게는 그대로였고, 그녀는 완전히 무너져 내렸다.

"하느님! 저한테 왜 이러세요? 하…… 나는 정녕 공기만 마셔도 살이 찌는 체질인 건가? 몰라, 몰라! 짧은 인생 그냥 즐기자!"

뚱이의 다이어트 계획은 실패로 돌아갔다.

그럼 홀쭉이는 어땠을까? 그녀는 집 근처의 피트니스센터로 가서 회원권을 끊었다. 신용카드를 긁을 때에는 마음이 조금 쓰렸지만 그녀는 아픔 없이는 발전도 없다며 자기 자신을 다독였다. 첫째 날, 그녀는 퇴근을 하고 집에 돌아와 운동복으로 갈아입고 곧장 피트니스센터로 향했다. 보디 컴뱃 수업을 들으며 옷이 다 젖을 정도로 땀을 흘리고 나니 기분이 무척 상쾌했다. 물론 다음 날엔 근육통이 찾아왔다. 안 하던 운동을 시작하니 쏟아지는 피로에 사무실에서도 연신 하품이 나왔지만 그녀는 마음을 다잡았다.

'안 돼, 꾸준히 해야지!'

퇴근 후 집에 돌아와 다시 운동 갈 준비를 하려는데 아차! 운동복을 빨아놓지 않았던 것이다. 그나마 제대로 된 운동복은 그 한 벌뿐인데 말이다. 그녀는 어쩔 수 없이 운동복을 세탁기에 넣었고 피트니스센터에 가는 대신 인터넷 영상을 보며 유산소 운동을 했다.

다음 날 한층 더 심해진 근육통에 손발이 말을 듣지 않는 기분이었다. 퇴근을 하고 옷을 갈아입으며 그녀는 생각했다.

'오늘은 가서 러닝머신에서 좀 뛰고 말아야겠다…… 아이고! 일단 배가 고프니 밥부터 먹고 소화시킨 다음에 가자.'

그러나 결국 그녀는 운동을 하러 가지 않았다.

이렇게 홀쭉이는 매일 자신의 의지력과 싸움을 했다. 기분이 좋을 때에는 피트니스센터에 가서 운동을 했지만 다른 때에는 좀처럼 맥을 추리지 못했다. 그렇게 시간이 흐르자 그녀의 계획은 유야무야 되었고, 때마침 친구가 그녀의 집에 며칠 머무르게 되면서 그녀는 매일 친구와 밥을 먹으러 다녔다. 그 후, 피트니스센터로 향하는 발걸음은 더욱 뜸해졌다.

결국 홀쭉이는 피트니스 계획에 실패했다.

좋은 습관 본받기

혹자가 말했다, 성공의 방식은 여러 가지지만 실패의 이유는 단한 가지라고. 그러나 나는 이 말에 동의하지 않는다. 다들 이렇게 결과만을 강조하니까 과정을 소홀히 하는 것이 아닌가! 사실 진짜 악마가 숨어 있는 부분은 바로 과정인데 말이다.

뚱이와 홀쭉이는 왜 계획에 실패한 걸까? 대체 무슨 문제가 있었던 걸까? 먼저 좋은 습관을 기르는 방법을 살펴보고 다시 그녀들의 이야기를 해보자.

우리는 누구에게 좋은 습관을 기르는 방법을 배워야 할까? 나에게? 사실, 가장 좋은 학습 대상은 바로 나 자신이다. 그렇다. 실제로 우리는 좋은 습관을 꽤 많이 가지고 있다. 그저 우리가 별로 신경 쓰지 않고 있을 뿐 자세히 들여다보면 얼마든지 우리가 지닌 좋은 습관을 찾을 수 있다. 예컨대 99퍼센트의 독자들이 가지고 있을 좋은 습관, 바로 양치하는 습관이 그중 하나다. 그렇다면 우리가 그동안 어떻게 양치하는 습관을 기를 수 있었는지 생각해보자.

먼저 양치는 짧은 시간 안에 완료할 수 있는 아주 간단한 일이다. 이는 우리가 하는 일련의 행동 중 가장 기본적이면서도 명확한 목표를 지닌 행위이다. 실제로 우리는 매일 습관에 따라 상하좌우로 이를 닦고 어떤 이는 설태까지 제거한다. 어쩌다 이를 닦다 말면 화장실에서 볼일을 보다 만 것처럼 찝찝한 기분을 느낀다. 그렇지 않은가?

간단하고 구체적이며 단숨에 해치울 수 있는 행동 절차는 좋은 습관의 기본단위가 된다. 문제는 대다수의 사람이 좋은 습관을 기르겠다며 크고 장기적인 목표를 세우지만 정작 행동 계획은 세우지 않는다는 데 있다.

행동 계획은 매우 중요하지만 사람들이 착각하기 쉬운 개념이기도 하다. 우리는 흔히 새해가 되면 새해 목표를 세운다. 1년 후 이상적인 결과를 이끌어내겠다면서 말이다. 그러나 목표를 뒷받침할 행동 계획이 수반되지 않는다면 이는 그저 바람에 그칠 뿐, 바람으로는 습관을 기를 수 없다.

좋은 습관을 기르려면 먼저 자신이 기르고자 하는 습관을 가장 기본적인 행동 절차로 쪼개야 한다. 되도록 매일매일 실천할 수 있도록 일일 단위로 계획하면 좋다. 그래야 뇌가 그 일을 '습관성 동작'으로 인정해 별다른 생각 없이도 완료할 수 있게 된다.

그러니 '운동 많이 해야지'가 아니라 '매일 삼십 분씩 운동해야지'라고, '책 많이 읽어야지'가 아니라 '매일 한 시간씩 책을 읽어야지' 또는 '매일 이십 페이지씩 책을 읽어야지' 하고 다짐하라. 영어 공부를 하겠다는 마음을 먹었을 때에도 막연히 영어 공부를 해야겠다가 아니라 매일 인터넷 강의에 나온 단어를 5개씩 외우고 연습 문제를 10개씩 풀겠다는 구체적인 행동 계획을 세우는 것이 중요하다.

시간과 수량, 행동으로 습관화할 목표를 정하되, 계획은 구체적일수록 좋다. 양치하기가 우리에게 자연스런 습관이 될 수 있었던 데에는 또 다른 이유가 있는데, 그것은 바로 편리하기 때문이다. 우리는 아침에 잠에서 깨면 으레 화장실로 향한다. 화장실에 들어가면 칫솔과 치약이 바로 보이기 때문에 자연스레 손을 뻗어 양치를 하는 것이다.

마찬가지로 하나의 행동 절차를 습관으로 만들고자 할 때에는 행하기 편한 절차일수록 유리하다. 예컨대 아침 일찍 일어나 운동하는 습관을 기르려고 한다 가정해보자. 그렇다면 하루 전날 밤 미리 운동복을 준비해 침대 밑에 두고 자는 것이다. 그러면 다음 날 아침에 일어나자마자 즉시 운동복으로 갈아입을 수 있기 때문에 비몽사몽으로 옷장 서랍을 뒤지다 포기하고 다시 이불 속으로 들어가는 불상사를 막을 수 있다. 이처럼 한눈을 팔게 만드는 장애물을 되도록 모두 배제하는 행동을 일명 '길 닦기Clear The Path'라고 부른다.

예전에 한창 일찍 일어나는 연습을 할 때 실제로 내게 아주 큰 도움이 되었던 작은 습관이 있다. 바로 잠자리 들기 전 물을 한 컵 띠다가 침대 옆 탁자에 놓아두는 것이다. 다음 날 아침에 알람이 울리면 바로 손을 뻗어 그 물을 마심으로써 자연스레 잠을 쫓는 효과를 볼 수 있었는데, 이렇게 행동 절차를 한결 수월하게 만드는 작은 습관을 나는 '추진행동Enablers'이라고 부른다.

좋은 습관을 유지하는 사람은 강한 의지력과 함께 좀 더 쉽게 습관을 기를 수 있는 프로세스를 만들어 모든 과정을 단숨에 완료할 줄 안다.

우리가 길을 닦고 추진행동을 계획해야 하는 이유는 우리에게 의지력이 부족해서가 아니다. 사실, 나는 당신의 의지력이 나보다 못할 거라고 생각지 않는다. 그러나 같은 일을 하루하루 반복하다 보면 흥미가 떨어지게 마련임을 잘 알고 있다. 이런 순간이 왔을 때 우리는 잠시 멈춰 생각을 하게 되는데, 문제는 바로 그 잠깐의 순간에 한눈을 팔아 동력을 잃기 쉽다는 사실이다. 우리가 길을 닦고 추진행동을 계획해야 하는 이유는 바로 이러한 저항력을 최소화하기 위함이다.

친구 중에 뚱뚱했던 녀석이 있는데 그는 달리기를 하는 습관을 기르고 싶어 했다. 그래서 그는 매일 달리기를 하겠다고 계획을 정해 놓았다. 그러나 격무에 시달린 몸을 이끌고 또 달리기를 해야 한다니 그 생각만으로도 피로가 몰려왔고 결국 시작도 하기 전에 포기해 버렸다.

그 후, 그는 '최소 행동 단위'의 개념을 이용해 아주 간단한 행동 계획을 세웠다. 간단해도 너무 간단해서 이마저 해내지 못한다면 자신에게 미안할 정도의 계획이었는데, 그것은 바로 매일 퇴근하고 집에 돌아오면 무조건 운동화로 갈아 신고 현관까지 가는 것이었다. 물론 이 정도는 식은 죽 먹기였다!

그런데 신기한 점은 운동화를 신고 현관에 도착하면 항상 자연스레 밖으로 발이 향했다는 사실이다. 현재 그는 이미 달리기가 습관이 된 것도 모자라 마라톤에도 도전하고 있다!

이를 '실행 가능한 최소의 노력Minimum Viable Effort'이라고 하는데, 만약 어떤 습관을 들이는 데 번번이 실패한다면 바로 이 '실행 가능한 최소의 노력'을 해보라. 방법은 간단하다. 내 친구가 그랬듯 목표를 달성하기 위한 한 단계를 따로 떼어내어 아주 간단하고 사소한 일부터 행동해보는 것이다. 단, 이 행동을 계획할 때에는 무슨 일이 있어도 매일 해내겠다는 자신과의 약속이 필수다!

핵심 습관 가동하기

내가 아침 일찍 일어나는 습관을 기르기 위해 전날 밤 물을 떠다 놓은 것처럼 지극히 사소한 행동도 추진행동이 될 수 있다. 그러나 어떤 습관들은 그 자체로 충분한 추진력을 지녀 좋은 습관을 더 많이, 더욱 쉽게 기를 수 있게 연쇄작용을 일으킨다. 이러한 습관을 바로 '핵심 습관Keystone Habits'이라고 한다.

예컨대 규칙적으로 운동을 하는 습관은 최고의 핵심 습관이다. 운동을 생활화하면 기분 전환은 물론 체력을 키울 수 있고, 스트레스를 해소해 수면의 질을 높임으로써 무슨 일이든 완수할 수 있는 에너지를 얻을 수 있다. 일찍 자고 일찍 일어나는 습관 역시 개인적으로 강력 추천하는 핵심 습관이다. 충분한 수면을 취하면 좀 더 맑은 정신으로 더 많은 시간을 보낼 수 있고, 충분히 햇볕을 쬐어 기분을 좋게 만들 수도 있기 때문이다. 게다가 점심시간 전까지 많은 일을 처리해 더 여유로운 저녁을 보낼 수도 있다.

얼마 전 미국 해군대장 윌리엄 맥레이븐이 2014년 텍사스주립대학교 졸업식에서 했던 연설 영상을 봤는데 그 내용이 아주 인상적이었다. 그가 학생들에게 첫 번째로 건넨 조언은 '매일 아침 자신의 잠자리를 정리하라'는 것이었다. 그는 이러한 조언을 하는 이유로 다음 세 가지를 꼽았다.

첫째, 매일 자신의 잠자리를 정리함으로써 기상과 동시에 마땅히 해야 할 일 하나를 완수하게 된다.

둘째, 지극히 사소한 일이지만 이를 끝냈다는 사실이 작은 성취감으로 이어져 다음 일도, 또 다음 일도 해낼 수 있다는 용기를 가지게 된다.

셋째, 인생에서 작은 실천이 얼마나 중요한지를 일깨워준다. 사소한 일도 제대로 해내지 못한다면 절대 큰일을 논할 수 없다.

"여러분이 최악의 하루를 보냈다 하더라도 집에 돌아와 말끔히 정돈되어 있는, 그것도 자신이 직접 정리한 잠자리를 본다면 내일은 더 나은 하루가 될 거라는 위로를 받을 수 있을 것입니다. 세상을 바꾸고 싶다면 자신의 잠자리를 정리하는 일부터 시작하십시오!"

다시 우리의 아침 풍경으로 돌아가보자. 화장실에서 양치를 하는 것 외에 또 무엇을 하는가? 우리는 세수를 하고, 화장품을 바르고, 남성이라면 면도도 하는 등 일종의 루틴이 된 일들을 실행한다. 그런 다음에는 아마도 주방으로 가서 커피를 내리고 아침을 준비할 것이다. 사실 현관문을 나서 사무실에 들어설 때까지, 즉 사무실에서

첫 번째 업무를 시작하기 전까지의 이 모든 일이 일련의 습관성 행동으로 구성되어 있다.

서던캘리포니아대학교 심리학과 교수 웬디 우드의 통계에 따르면 일반인이 하루에 하는 행동 중 40퍼센트가 이러한 습관성 행동에 속하며, 마치 작은 모듈들이 직렬로 연결되어 있는 것처럼 일련의 작용을 한다고 한다.

따라서 새로운 습관을 기르고 싶을 때에는 이미 습관적으로 하고 있는 일과 결부시키는 것이 도움 되는데 이를 '습관 쌓기Habit Stacking'라고 한다.

예컨대 나는 디제이를 하면서 새로운 음악을 많이 들어야 할 필요가 있었다. 나는 그 과정을 무척 즐겼고 그렇게 새로운 음악 듣기는 자연스레 나의 습관이 되었다. 그래서 나는 억지로라도 운동을 시작해야겠다고 마음먹었을 때 운동할 때만 새로운 음악을 들을 수 있다는 나만의 규칙을 세웠다. 내게는 너무나도 즐거운 음악 듣기를 운동이라는 새로운 일과 결부시켜 좀 더 쉽게 습관이 되도록 한 것이다. 결국 나는 운동하는 습관을 기르는 데 성공했고 지금은 방법을 바꿔 운동을 할 때마다 오디오북을 듣고 있다.

이렇듯 자신이 이미 하고 있는 일이나 좋아하는 일, 또는 습관이 된 일에 새로 기르고자 하는 습관을 더하면 하나의 습관이 또 다른 습관을 만들어낸다.

자신의 실행 의도를 적어라

습관 쌓기로 기르기 어려운 습관도 있을 텐데 이럴 때는 어떻게 해야 하느냐고? 걱정할 것 없다. 아래의 방법이면 얼마든지 새로운 습관을 기를 수 있을 테니 말이다.

〈영국건강심리학저널〉에 다음과 같은 연구 결과가 게재된 적이 있다. 운동하는 습관을 기르는 데 효과적인 방법을 알아보기 위해 진행된 연구였는데, 연구진은 실험 연구 대상을 세 그룹으로 분류해 그룹별로 각각 다른 지령을 내렸다. 먼저 첫 번째 그룹에는 앞으로 2주 동안 시간을 내서 운동을 하고 그 시간을 기록하게 했고, 두 번째 그룹에는 앞으로 2주 동안 시간을 내서 운동을 하라고 하며 운동이 건강에 미치는 긍정적 효과에 대한 자료를 보여주었다. 마지막 세 번째 그룹에는 두 번째 그룹과 같은 지령과 건강 정보를 주고 다음과 같이 자신의 계획을 적도록 했다.

나는

다음 주 _____(일) _____(시간), _____(장소)에서

20분간 고강도 운동을 할 것이다.

2주 후 연구진이 이 세 그룹의 사람들을 추적 조사한 결과, 첫 번째 그룹에서 지난 한 주간 최소 한 번 이상 운동한 사람의 비율은 38퍼센트, 두 번째 그룹은 그보다 더 낮은 35퍼센트로 나타났다. 운동의 장점을 알려주고 운동하기를 독려해도 전혀 효과가 없었던 셈이다. 그러나 세 번째 그룹은 달랐다. 지난 한 주간 최소 한 번 이상 운동한 사람이 91퍼센트에 달했다!

세 번째 그룹의 사람들에게 이러한 결과가 나올 수 있었던 가장 중요한 원인은 바로 그들이 목표를 실행하기에 앞서 채워 넣었던 그 말, 즉 '실행 의도Implementation Intention'에 있었다. 이처럼 실행 의도를 적으면 계획을 완수할 확률을 크게 높일 수 있음은 다른 여러 연구를 통해서도 재차 입증되었다.

그렇다면 실행 의도를 적는 게 대체 어떤 도움이 되는 걸까? 먼저 이는 '시간이 없어'라는 핑계를 사전에 차단하는 역할을 한다. 바쁜 하루를 보내며 우리는 '막상 하면 자신에게 좋지만 급하지 않은 일 또는 꼭 필요한 건 아닌 일'을 맨 마지막으로 미뤄두고, 결국 이 이유를 핑계로 하지 않을 때가 많다. 그러나 언제, 어디서, 무엇을 할지 실행 의도를 정하고 나면 일의 중요도가 살짝 달라진다. 자신과의 약속이 생기는 것과 마찬가지이기 때문이다.

그렇게 중요한 일이니 따로 시간을 내는 것이 당연하지 않겠는가? 다이어리에 자신의 실행 의도를 적어 넣고, 그 일을 함께할 친구를 찾는다면 약속을 깰 확률은 더욱 낮아진다. 매일 정해진 시간에 자신을 위한 일을 하다 보면 재충전의 기회를 가질 수 있을지도 모를 일이다.

시각적 장치로 목표를 가시화하라

1993년 트렌트 디어스미드는 갓 업계에 발을 들인 햇병아리 주식 브로커였다. 그러나 그는 단 18개월 안에 500만 달러를 벌어들이는 실적을 올렸다. 1년 후 그는 7만 5천 달러의 인센티브를 받았으며, 훗날 다른 증권 회사로 연봉 20만 달러에 스카우트되었다.

그는 어떻게 그럴 수 있었을까? 그의 비결은 바로 '클립'에 있었다.

직업이 직업인지라 그는 매일 수많은 고객에게 전화를 걸어야 했다. 더 많은 고객에게 전화를 걸수록 영업 성공률이 높아지기 때문이었다. 업무를 시작하기 전 트렌트는 항상 120개의 클립이 들어 있는 상자와 빈 상자를 준비했다. 그러고는 전화 한 통을 끝낼 때마다 클립 하나를 빈 상자로 옮겨 담았다.

이게 무슨 대단한 비결이냐고? 이 방법이 대단한 이유는 그가 목표를 눈으로 볼 수 있고, 손으로 만질 수 있도록 한 데 있다. 단순히

**각각의 클립은
임무 하나를 완료했다는 뜻!**

클립을 옮기는 행동이었지만 그는 쌓여가는 클립을 통해 목표에 한 발짝 다가가는 자신을 발견하며 성취감을 얻었고 그 성취감을 다시 원동력으로 활용했다.

사실, 종이나 화이트보드에 기록을 남기는 것만으로도 어떤 습관을 기르는 데 큰 도움이 된다. 이는 실제로 내가 우리 아이에게 활용했던 방법이기도 하다. 참고로 내 딸은 현재 초등학교 1학년으로 매일 7시 50분 전까지 등교를 해야 한다.

이에 나는 우리 집 벽에 걸린 화이트보드에 아이가 매일 등교를 위해 집을 나서는 시간을 기록하고 있다. 그러나 단순히 숫자를 기록하지는 않는다! 대신 X는 날짜를, Y는 집을 나선 시간을 나타내는 그래프를 그린다. 일찍 집을 나선 날엔 파란색 펜으로 웃는 얼굴을, 늦게 집을 나선 날엔 빨간색 펜으로 우는 얼굴을 표시해 이를 다시 선으로 연결하는데, 이렇게 하면 하루하루의 등교 현황을 한눈에 알아볼 수 있다. 이 방법을 사용하고 일주일 후, 그래프의 의미를 이해한 아이는 발전하고 싶다는 생각을 갖기에 이르렀다. 며칠간 연속으로 제시간에 집을 나섰고 그 웃는 얼굴이 연결되어 있는 그래프를 보고는 자연스레 힘이 났는지 이런 말을 하기도 했다.

"아빠, 우리 빨리 가자! 나 또 웃는 얼굴 그릴래!"

트렌트의 클립 상자처럼 실질적인 도구로 자신의 진도를 측정하는 방법은 매우 효과적이다. 하루에 물 여덟 잔 마시기를 습관화하고 싶다면 물 한 잔을 마실 때마다 클립 한 개를 꺼내라. 매일 30통의 이메일에 회신을 보내겠다고 마음먹었는가? 그렇다면 30개의 클립을 준비하면 된다.

단, 이러한 도구를 활용할 때에는 다음 몇 가지 포인트를 기억하자.

첫째, 그때그때 바로 기록할 수 있도록 쓰기 쉬워야 한다.

둘째, 발전했는지 퇴보했는지를 볼 수 있어야 하기 때문에 단순한 숫자 기록보다는 그래프가 더 좋다.

셋째, 한눈에 볼 수 있도록 눈에 잘 띄는 위치에 둬야 한다.

계획이 변화에 부딪혔을 때

습관 쌓기를 계획하고, 실행 의도를 기록하고, 매일 이를 실천하며 그 결과를 시각화하고 있다고 해도 '부득이하게' 계획을 변경해야 할 상황은 있게 마련이다. 어렵사리 자신을 컨트롤하게 되었는데 운명의 여신이 다시 당신을 시험에 들게 한다면 당신은 버틸 수 있겠는가?

아마도 많은 사람이 이러한 순간에 무릎을 꿇지 않나 싶다. 과거의 나도 그랬지만 사람들은 보통 자신의 계획을 이분법적으로 나눠 자신과의 싸움에 너무 많은 에너지를 소비하기 때문이다. 오늘 하루 계획을 완수하지 못했다고 가정했을 때 우리는 흔히 계획에 실패했다고 생각한다. '좋은 습관을 기르려면 21일 연속으로 꾸준히 해야 한다고 했는데?'라고 생각하면서 말이다.

그러나 사실은 그렇지 않다. 먼저 21일이라는 숫자가 틀렸다. 솔직히 말해 습관을 들이는 데 얼마만큼의 시간이 필요한지는 어떤 습관인가에 따라 모두 다르다. 게다가 관련 분야의 학술 연구 결과에 따르면 습관을 들이는 데 필요한 평균 일수는 약 66일이다!

그러나 좌절하기엔 이르다. 연구 결과에 따르면 가끔 하루, 이틀 빼먹는다고 해도 습관을 기르는 데 그리 큰 영향을 미치지 않기 때문이다. 하루를 빼먹었다고 다음 날 두 배로 보충하려 하거나 자기 자신에게 벌을 줄 필요도 없다. 장기적으로 봤을 때 이런 행동은 스트레스를 가중시켜 오히려 중도 포기라는 결과를 초래할 수 있다. 그렇다면 어떻게 하는 것이 가장 좋을까? 내가 추천하는 방법은 두 가지다.

먼저 '초심을 잊지 않는 것'이다.

뚱이와 홀쭉이가 동창 모임에 참석한 후 몸매를 가꾸겠다고 독하게 마음먹었던 것처럼 사람은 어떠한 자극을 받아 현재의 상황을 바꾸고 싶다 생각할 때 가장 강력한 동기와 의지를 갖는다. 그러나 시간이 지남에 따라 초심은 빛을 잃게 마련이다. 홀쭉이가 일주일 내내 피트니스센터에 가지 않아 트레이너가 전화를 걸어왔을 때, 사실 그녀에게 가장 필요한 건 멋지게 변신한 모습으로 모임에 나왔던 그 동창생의 일갈이었다.

그만큼 '초심'을 잊지 않는 것이 중요하다는 의미다. 초심은 곧 에너지의 원천이며 변화하고자 하는 당신의 마음을 상징하기 때문이다. 그러나 초심을 잊지 않겠다고 '초심을 잊지 말자'라고 종이에 써서 벽에 붙여놓는 방법은 추천하지 않는다! 대신 실행 의도를 적을 때처럼 다음과 같이 빈칸을 채워보라.

' (초심) 을/를 해야 하기 때문에 (행동) 을/를 해야 한다.'

유학을 가야 하니까 매일 30분씩 영어 회화를 연습해야 해.

가족들에게 가장 좋은 모습을 보여야 하니까 매일 10분씩 바른 자세로 앉는 연습을 해야 해.

좋은 몸매를 갖길 원하기 때문에 매일 피트니스센터에서 한 시간씩 운동을 해야 해.

이렇게 초심을 적었다면 그다음은 '비상 계획'을 적을 차례다.

만약 ＿＿＿한다면, ＿＿＿하자.

비상 계획은 일상생활 속에서 반드시 맞닥뜨리게 될 돌발 상황에 대처하기 위한 것으로, 돌발 상황이 발생했을 때 많은 시간을 들여 고민해야 하는 수고나 계획이 틀어져서 생기는 죄책감을 덜어준다. 예컨대 매일 퇴근 후 운동을 하러 가야 한다는 걸 알지만 가끔 회식이나 친척 생일, 친구들과의 모임 등이 있을 경우 먼저 다음과 같이 자신과 약속을 하는 것이다. 물론 휴식 계획도 포함될 수 있다!

그날 저녁에 모임이 잡히면 아침에 일찍 일어나 달리기를 하자.

당일 야근을 해야 한다면 집에 돌아갈 땐 공공 자전거를 이용하자.

큰 이모가 오시면 이틀 동안은 쉬자.

동기부여가 제대로 되지 않는다고 느낄 때에는 초심을 잊지 않기 위해 적어놓은 글을, 돌발 상황을 맞닥뜨렸을 때에는 비상 계획을 적어놓은 글을 꺼내 읽어본 후 그 계획대로 실천하라.

애당초 자신이 왜 변하려고 했는지 다시 한 번 주의를 환기시키면 나약해진 현재의 자신과 맞설 힘을 얻을 수 있다. 거기에 비상 계획까지 읽으면 돌발 상황에도 심란해하지 않고 자제력을 유지할 수 있으며, 자신과 타협했다는 죄책감도 줄일 수 있다.

함께의 힘

습관을 개선하려면 친구를 적극 활용해야 한다. 물론 서로 윈윈할 수 있다면 금상첨화다.

펜실베이니아주립대학교에서 진행한 한 연구에 따르면 친구와 함께 다이어트를 했을 때 두 사람 모두 체중 감량에 성공할 확률이 높아지며, 상대의 감량 결과가 좋을수록 자신도 더 많은 체중 감량 효과를 볼 수 있다고 한다. 또한 파트너와 함께하면 서로를 응원하는 효과도 얻을 수 있다. 힘들어서 그만두고 싶을 때 누군가가 당신의 곁에서 불평을 들어주고 응원을 해준다는 건 생각보다 훨씬 큰 힘이 된다.

예컨대 미국의 알코올중독자재활협회 'A.A Alcoholics Anonymous'는 '동창회'의 형식을 빌려 서로의 경험을 나누도록 함으로써 참석자들이 함께 공통의 문제를 해결할 수 있도록 돕는다.

한편 친구는 당신의 모니터링 요원 겸 감독관이 되어줄 수도 있다. 친구를 감독관으로 잘 활용하려면 미리 자신에게 줄 선물보상을 구매해 친구에게 맡겨라. 목표를 달성했을 경우에는 선물을 돌려받고, 목표를 달성하지 못했을 경우 친구에게 선물하기로 한다는 약속을 해두면 목표를 달성해야 할 더욱 강력한 동기가 생긴다.

실제로 이는 해외의 'stickK.com'이라는 웹 사이트에서 사용하는 방식이기도 하다. 사용자는 자신의 목표를 세우고 이를 달성하지 못한 경우 특정인에게 벌금을 문다. 벌금의 액수와 특정인은 본인이 직접 설정할 수 있는데, 목표를 달성할 경우 자신이 원하는 공익단체에, 그렇지 않은 경우 자신이 정말로 싫어하는 단체에 자동 기부되도록 한 어느 사용자의 계획이 특히 인상적이었다.

일곱 번 넘어지면 여덟 번 일어나라!
_ **일본 속담**

다시 뚱이와 홀쭉이 얘기로 돌아가보자. 위에서 언급한 방법에 따라 두 번째 도전을 한 이들! 뚱이와 홀쭉이는 과연 좋은 습관을 기르는 데 성공했을까?

뚱이는 이제 절식해야 한다는 다짐만으로는 부족하다는 것을 알았다. 모호한 계획을 구체화하기 위해 그녀는 먼저 인터넷에 접속해 자신의 키와 몸무게를 대입, 매일 필요한 칼로리를 계산했다. 이렇게 그녀는 하루에 1,600킬로칼로리를 섭취하겠다는 목표를 세웠고 이를 세끼로 나눴다. 그러자 한 끼에 얼마만큼을 먹을 수 있는지가 분명해졌다. 이를 통해 샐러드 드레싱의 열량이 칠면조고기 몇 조각보다 더 높다는 새로운 사실도 알았다.

그녀는 음식의 칼로리를 계산해주는 앱을 내려받아 매일 자신이 먹은 음식의 총칼로리를 계산했다. 그리고 잠자기 전, 자신이 적정 수준을 유지하고 있는지를 한눈에 볼 수 있도록 이를 그래프로 그렸다. 동료와의 회식으로 다른 날보다 많이 먹은 날이 있어도 끼니를 거르지 않고 다음 날의 섭취 열량을 살짝 줄이는 방법을 선택했다. 그렇게 하다 보니 종일 기운 없이 다닐 일도, 너무 배가 고파 한밤중에 감자 칩을 폭식할 일도 없어졌다.

홀쭉이는 매일 운동복을 세탁하지 않아도 되도록 여벌의 운동복을 장만했다. 그러고는 출근할 때 매일 한 벌을 챙겨 나갔다. 이렇게 하면 퇴근 후 따로 집에 들를 필요가 없어 사전에 유혹을 차단할 수 있기 때문이다. 그녀는 피트니스센터의 트레이너에게 운동 계획표를 부탁해 자기 체력에 맞는 운동을 진행하기도 했다. 매일 피트니스센터에 다녀온 후에는 스스로 출석 체크를 하고 그날 했던 운동과 강도를 기록했다. 그렇게 체력이 조금씩 좋아지고 있음을 느낀 그녀는 운동 강도를 높였다. 언젠가 동료들이 함께 노래방에 가자고 했을 때에도 그녀는 이렇게 말했다.

"육 개월 후 발리에서 만나기로 한 나 자신을 위해 퇴근 후 매일 운동을 하고 있어요. 그러니 먼저 가세요. 저는 조금 늦게 합류할게요!"

이 말을 들은 동료들은 모두 그녀의 의지력에 감탄했다.

이후 새로운 식습관에 적응한 뚱이는 매일 피트니스센터에 출석

하는 홀쭉이를 보고 운동 계획에 가담했다. 그리고 6개월 후, 두 사람은 발리의 수영장 선베드에 누워 건강미와 자신감 넘치는 자신을 마음껏 뽐내는 것으로 노력의 결실을 만끽하며 새로운 습관 들이기에 성공한 자신들을 위해 축배를 들었다.

좀 더 쉽게 습관을 기를 수 있는 방법을 다시 짚어보자.

① 목표를 가장 기본적인 행동 절차로 세분화한다.
② 길을 닦아 좀 더 순조롭게 일을 진행할 수 있도록 한다.
③ 습관을 모듈화하여 차곡차곡 쌓는다.
④ 미리 실행 의도를 정한다.
⑤ 시각적인 방법으로 성과를 기록한다.
⑥ 초심을 잊지 말고 비상 대책을 마련한다.
⑦ 친구와 함께 도전한다.

장인이 일을 잘하려면 연장부터 갈아야 한다는 말이 있다. 이제 좋은 습관을 기르기 위한 연장 갈기는 끝났다. 이 연장들을 직접 움직여 계획을 세우고 실천할 차례다!

'계획표'를 작성했다면 자신의 서명으로 이를 공식화하라. 그다음은 오롯이 당신이 하기에 달렸다!

하다 보면 분명 장애물과 변화에 부딪히고, 어쩌면 하루 이틀 자신과의 약속을 어길 날도 있을 것이다. 그러니 작은 조정을 하더라도 지속성을 유지할 방법을 찾는 것이 무엇보다 중요하다는 사실을 잊지 말자.

부디 2, 3개월 후의 어느 날, 피트니스센터에서 땀을 흘리다, 혹은 책꽂이 정리를 하다 무심코 바라본 거울 속에서 자신도 모르는 사이 부쩍 달라진 모습을 발견할 수 있기를, 일부러 노력해야 했던 일들이 자연스러운 일상의 한 부분이 되어 있기를 바란다.

그렇게 된다면 나는 당신에게 아낌없는 축하를 보낼 것이다. 올바른 방법으로 당신이 자신과의 싸움에서 승리했다는 뜻이니 말이다!

좋은 습관을 기르는 법

집을 지으려면 벽돌을 하나하나 쌓아 올려야 하듯 좋은 습관을 기를 때에도
마찬가지다! 좋은 습관을 기르고 싶다면 아래의 심리학적 방법을 참고하자.

습관 쌓기

새로 기르고자 하는 습관을
이미 길러진 습관과 결합한다.

큰 목표를
작은 행동으로 세분화하기

쉽게 할 수 있는
가장 기본적인 행동부터 시작해
단계적으로 훈련한다.

실행 의도 정하기

언제(날짜 및 시간), 어디서(장소),
어떻게(방법) 이 일을 할 것인지를
계획하고 이를 적어둔다.

초심 잊지 않기 및
비상 대책 마련하기

왜 이 습관을 길러야 하는지를 수시로 상기하고
의외의 상황에 대처할 수 있는 대책을 마련해둔다.

구체적인 방법으로
진도 기록하기

시각 장치를 이용해
그날그날의 진도를 기록한다.

Chapter 8

생각으로 뇌를 바꿔라

심리학을 통해 배운 부정적인 감정 이겨내는 법

현대사회는 모순으로 가득하다. 우리는 더 많은 것을 가졌지만 더 적게 누리게 되었고, 생활은 편리해졌지만 항상 시간에 쫓기며, 인스턴트 메신저가 생겼지만 서로 얼굴을 마주하는 시간은 줄어들었다. 특별히 즐겁지 않을 이유가 없는 것 같은데 왜 그런지 늘 즐겁지가 않다.

2006년은 하버드대학교의 교육 역사상 하나의 전환점이 된 해다. 여러 해 동안 부동의 1위를 지켜왔던 인기 수업 '경제학 입문'을 제치고, 30대의 젊은 교수 탈 벤 샤하르의 '긍정심리학'이 그해 봄 학기 가장 많은 학생의 선택을 받은 것이다.

한 기자가 샤하르에게 수업이 인기 있는 이유를 묻자 그는 이렇게 답했다.

"아마도 학생들이 돈 버는 것보다 행복이 더 중요하다고 생각해서겠죠!"

많은 학생이 자신의 지식 창고에 저장할 과목으로 긍정심리학을 선택했다는 사실은 밀레니얼 세대에게 일어난 변화를 보여주었다. 즉, 열심히 일을 하는 것만큼이나 삶의 질과 심신의 건강을 돌보는 일도 중요하다는 생각을 가진 젊은이들이 점점 더 많아지고 있다는 뜻이었다.

이 수업의 지도교수 샤하르는 사실 나와 함께 하버드대학교에서 심리학을 공부한 동창이다. 그리 친한 사이는 아니었지만 재학 시절 그는 진지하다 못해 약간은 우울한 느낌을 가진 학생이었던 걸로 기억한다. 그런데 그런 그가 행복에 대해 가르치는 수업을 개설할 줄이야!

아니나 다를까 그는 자신의 저서에서 과거 자신은 결코 유쾌한 사람이 아니었지만 훗날 긍정심리학의 도움과 자신의 노력에 힘입어 달라질 수 있었다고 고백했다. 사실, 그건 나도 마찬가지였다. 나라고 왜 부정적인 생각에 사로잡힌 날들이 없었겠는가?

때는 바야흐로 2000년, 21세기에 접어들어 세상 사람들이 묘한 흥분과 들뜸을 느낄 때 나는 슬럼프의 늪에 빠졌다.

새천년을 앞두고 닷컴버블이 붕괴되면서 투자에 많은 손실을 본 데다 소위 잘나간다는 동창들의 소식을 듣고 있자니 좀처럼 공부할 마음도 나지 않았다. 다른 친구들은 창업이다 뭐다 각자 멋진 인생을 살고 있는 것 같은데 나만 대학원에 처박혀 현실과는 동떨어진 삶을 사는 느낌이었다.

때마침 클래스 단위의 대학 졸업 5주년 모임이 있던 해였지만 나는 그 어떤 모임에도 참석하지 않고 온종일 방 안에만 틀어박혀 있었다. 혼자만 뒤떨어진 것 같은 지독한 열등감은 쉬이 떨쳐지지 않았다.

그리고 이듬해 많은 사람의 목숨을 앗아간 911테러 사건은 내게도 큰 충격을 안겨주었다. 오랜 슬럼프 끝에 결국 나는 의사의 도움을 받기로 했다. 그러고 보니 심리학 박사 과정을 밟는 학생이 심리상담 클리닉의 도움을 받다니 확실히 아이러니한 일이긴 하다.

어쨌든 그렇게 찾아간 클리닉에는 나보다 한두 살 많아 보이는 젊은 여의사가 있었다. 그녀를 처음 만났을 때 나는 생각했다.

'잘됐다. 그녀라면 분명 내 마음을 이해해줄 거야!'

그렇게 나는 나의 고민들을 모두 쏟아냈다. 안쓰러워하는 듯한 표정으로 이야기를 듣던 그녀는 내가 이야기를 마치자 바로 처방전 하나를 써주었다. 그녀가 건넨 처방전에는 이렇게 쓰여 있었다.

'졸로프트 50밀리그램, 하루 한 알.'

졸로프트는 선택적 세로토닌 재흡수 억제제의 일종인 향정신약으로 우울증, 강박증, 외상 후 스트레스장애 등을 치료하는 데 사용된다. 나는 내가 이토록 쉽게 약을 처방받게 될 줄은 상상도 못했다. 과연 나의 증상이 약을 복용해야 할 정도로 심각했던가? 그러나 어쩌겠는가. 처방을 받았으니 복용해보는 수밖에!

졸로프트를 복용하면 어떤 기분이 드느냐? 이 약은 마치 나의 머리에 얇은 막을 덮어씌운 듯 나의 감정 곡선을 평평하게 만들었다. 부정적인 생각들이 잠잠해졌지만 즐거웠던 감정도 그 감흥을 잃게 되었다. 감정 기복이 사라졌지만 삶의 재미도 없어지면서 나는 무

감각하고 무관심하게 변했다. 이런 표현이 어떻게 받아들여질지 모르겠지만, 그때는 정말이지 내 영혼의 절반이 빠져나간 기분이었다. 그렇게 나는 반년이 넘게 약을 복용했다. 그러나 눈에 띄게 달라진 것은 없었다. 그 후, 나는 약 복용을 중단하고 나의 삶을 완전히 바꾸기로 결심했다. 타이완으로 돌아와 생활환경을 바꾸고 다시 시작해 보기로 한 것이다.

그때의 나는 심리학이라는 학문에 큰 실망감을 느꼈었다.

'심리 치료라는 게 고작 처방전을 써주는 게 전부라니!'

결국 학교를 떠난 나는 타이완으로 돌아와 광고, 음악, 방송, 브랜드크리에이터 등 심리학과는 전혀 상관없는 분야에 종사했다. 그 10여 년 동안 심리학계에도 변화의 바람은 불고 있었다. 심리학계를 비롯해 전 세계적으로 긍정심리학Positive Psychology의 열풍이 일어난 것이다! 간간이 책과 인터넷으로만 접하던 심리학을 나는 다시 거들떠보기 시작했다. 여러 심리학 서적과 연구 자료를 통해 다시 마주한 심리학은 확실히 더 유연해지고 더 유용해져 있었다.

긍정심리학이라는 명칭의 '긍정'이라는 글자 때문에 사람들은 흔히 '긍정적인 사고법'을 가르치는 학문이겠거니 생각하지만 이는 명백한 오해다. 긍정심리학의 아버지인 필라델피아주립대학교의 교수 마틴 샐리그만은 긍정심리학을 '과학적인 방법으로 개인의 강점이나 미덕 등과 같은 긍정적 심리에 초점을 맞춰 연구를 진행하는 것'이라 정의한다. 이는 단순히 행복해지는 방법을 가르치는 학문을 넘어선, 스스로의 발견과 창조를 통한 자기화의 과정이다. 일, 여가, 사상, 건강, 운동, 인간관계, 교육, 가정생활 등 다양한 분야를 포괄

한 학문인 만큼 활용도가 높다는 특징이 있다. 그래서 미국의 종합
경제지 〈포춘〉이 선정한 세계 500대 기업은 물론 프로구단, 미군 등
도 조직 내 구성원의 능률과 근성, 정서적 안정도를 높이는 데 긍정
심리학의 연구 결과를 활용하고 있다.

물론 나는 정신과 처방약도 나름의 필요성이 있다고 생각한다. 그
러나 한편으로는 너무 쉽게 약을 처방받을 수 있는 것이 아닌가 싶
을 정도로 약물이 남용되고 있다는 생각도 든다. 실제로 미국에서는
성인 6명 중 1명꼴로 향정신약을 정기적으로 복용하고 있으며, 정신
과 처방약 남용으로 사망한 인구가 헤로인 남용으로 인한 사망자 수
를 넘어섰다. 이보다 더 심각한 문제는 많은 의사가 환자의 증상이
처방 기준에 부합하다고 생각하기만 하면 약을 처방한다는 사실이
다. 그것도 한 번에 여러 종류의 약물을 말이다.

향정신약은 이제 더 이상 절대적인 필요에 의해 사용되는 도구가
아니라 가장 먼저 사용되는 기본 옵션이 되었다. 예컨대 건강에 문
제가 생겼다고 가정해보자. 매일 일찍 자고 일찍 일어나는 습관을
들이면 완치할 수 있는 문제인데 의사가 약만 잔뜩 처방해주었다.
약을 복용하자 증상이 나아지는 듯 보였지만 온종일 몸이 가라앉는
다. 일찍 자고 일찍 일어나지 못하니 문제는 더욱 심해졌고 결국 더
많은 약을 먹어야만 하는 상황이 되었다. 당신이라면 이런 치료를
받겠는가?

처방약 복용과 함께 생활 습관 개선을 위한 노력이 수반되지 않는
다면 약물 의존도가 높아지기 십상이다. 약을 복용하는 사람이 자신
을 바꿀 줄 모르고, 심지어 스스로 변화하길 거부한다면 약물을 남

용할 확률은 더 높아진다. 매년 향정신약의 사용량이 증가하고 있지만 정신이상 증세를 보이는 사람의 수가 조금도 줄어들지 않고 있는 건 어찌 보면 당연한 일이다. 약을 더 많이 처방할수록 환자도 늘어나는 상황이라니! 왜 이런 이상한 일이 벌어지는 걸까? 약에 문제가 있는 게 아니라면 우리 사회에 문제가 있는 것일 게다. 어쨌든 우리는 자신을 치유할 좀 더 나은 방법을 찾아야 한다.

그런 의미에서 긍정심리학과 정신과학 분야에서의 새로운 진전은 매우 고무적이다. 어떻게 자신의 사고 시스템을 최적화해 긍정적인 변화를 이끌어내고, 또 어떻게 일상적인 스트레스를 다스려야 할지에 대한 팁을 얻을 수 있게 되었으니 말이다. 결과적으로 나는 심리학 덕분에 슬럼프를 극복했고, 감성지능을 높여 부정적 감정을 잘 다스릴 수 있게 되었다. 그러나 뭐니 뭐니 해도 내게 변화를 불러온 일등공신은 다름 아닌 바로 나 자신이다. 이건 자랑이 아니라 어디까지나 사실이다. 누군가 자신이 사용하던 공책을 주었을 때 이 공책을 사용할지 말지, 사용한다면 어떻게 쓸지를 결정하는 건 바로 자신에게 달려 있는 것과 마찬가지랄까?

그래서 이번 챕터에서는 나의 지식과 과거 경험을 총망라한 방법들을 대뇌의 주인인 당신에게 소개해볼까 한다.

내 최대의 적이
나의 두 귀 사이에 살고 있지는 않은지 확인하라.

_레어드 해밀턴

자신의 부정적 감정 이해하기

먼저 우리가 알아야 할 사실은 누구나 부정적 감정을 지니고 있다는 점이다. 아기가 울고, 생떼를 부리는 것도 모두 부정적 감정이라는 본능에서 비롯된다. 부정적 감정은 나름의 쓸모가 있다. 우리에게 불리할 수 있는 일들에 대항해 이를 피해갈 수 있도록 우리를 움직이기 때문이다.

부정적 감정은 사람의 생존에 기여하기 위해 발달된 감정이다. 그러나 현대인의 삶에 의식주나 안전 문제 같은 원시적 위협은 이미 사라진 지 오래다. 더 이상 한밤중에 산에서 호랑이가 내려와 우리를 잡아먹을까 봐 걱정하지 않아도 되고, 가뭄으로 곡식을 수확하지 못하면 온 가족이 굶어 죽을까 봐 걱정할 필요도 없어졌다. 다만 사장님이 보내온 문자메시지에 잠을 이루지 못하고, 중요한 시험이나 회의가 우리의 숨통을 조인다.

우리의 몸은 거짓말을 하지 않는다. 긴장하면 몸도 긴장을 하고, 두려움을 느끼면 우리의 몸에도 두려움이 드러난다. 이러한 부정적 감정이 주는 '느낌'은 절박하고 진실하다. 그러나 우리가 이를 외면하고 이겨내려 하지 않는다면, 또는 부정적 감정의 원인을 찾으려 하지 않는다면 대자연이 설계한 이 생존 메커니즘은 오히려 우리 자신을 망치는 독이 된다.

길을 가다 교통사고를 목격했을 때 우리는 왜 심장박동이 빨라지고 동공이 확대되며 호흡이 가빠지는 걸까? 이러한 반응은 우리의 공포감을 나타낸다. 그러나 자신이 가장 좋아하는 축구팀이 우승을 차지했을 때에도 심장박동이 빨라지고 동공이 확대되며 호흡이 가빠지는데 왜 환희와 감동을 느끼는 걸까?

우리의 대뇌는 각기 다른 환경에 따라 자발적으로 신체의 변화를 해석해 감정 반응을 일으키도록 한다. 그러므로 부정적인 감정을 처리할 때에는 반드시 '심리적' 요소와 '생리적' 요소를 모두 고려해야 한다.

예컨대 많은 여성이 월경 전 감정 기복이 심해지는 변화를 겪는 것은 바로 생리적 요인에 의해 부정적인 감정이 비롯된 경우다. 심한 경우에는 매월 그날이면 무슨 일을 하고, 또 누구를 만나든 짜증이 난다. 그런데 이상하게도 분명 자신의 감정이 정상이 아님을 알면서도 귀신같이 화를 낼 만한 이유를 찾아낸다. 막무가내로 화를 내는 건 아니지만 그 며칠 동안은 화가 늘고 반응 또한 유독 예민해진다. 이처럼 호르몬은 사람의 성격까지 바꿔놓을 정도로 감정에 큰 영향을 주는데, 이는 남녀 모두에게 해당되는 얘기다.

우리는 자라면서 생리적 요인에 의한 감정 변화를 구별하고 적절히 조절하는 법을 배운다. 그러나 어린아이들은 아직 이러한 자각 능력을 습득하지 못해 친구들과 함께 놀다가도 갑자기 감정적으로 돌변하곤 한다. 부모라면 아이가 낮잠을 자지 않아 피곤해서 그렇다는 사실을 단번에 알아차리지만, 아이 자신은 절대 그렇다고 생각하지 않는다. 그러고는 "나 안 졸려. 쟤가 내 장난감 빼앗았어! 나 안 졸려, 안 잘 거야!"라고 울부짖다가 잠이 든다.

이때 우리는 아이의 감정을 충분히 이해하며 아이가 귀엽다는 생각을 하기도 한다. 이런 게 바로 아이의 천진함이지, 하면서 말이다. 그런데 사실 성인도 때로는 이렇게 '천진'한 모습을 보인다. 피곤해서, 배가 고파서, 또는 몸이 아파서 비이성적이 되는 그런 순간에 말이다. 그렇기 때문에 감정적으로 변한 자신과 타인을 대할 때에는 먼저 자신의 신체 반응을 살피고, 자신과 타인을 이해할 줄 알아야 한다. 먼저 이해를 해야 그에 맞게 대응할 수 있으니 말이다.

1분씩 화를 낼 때마다 60초의 행복을 잃게 된다.

_ 랄프 왈도 에머슨

부정적 감정을 이기는 행동

"인생은 초콜릿 상자와 같아서 내게 주어진 상자에 몇 개의 초콜릿이 담겨 있는지, 각각의 초콜릿이 어떤 맛일지는 아무도 몰라요."

영화 〈포레스트 검프〉에 나오는 명대사다. 이를 내 나름대로 살짝 달리 표현한다면 나는 이렇게 말하고 싶다.

'인생은 두부와 같아서 맛이 있고 없고는 어느 재료를 더하느냐에 달려 있다.'

갑자기 웬 두부냐 싶겠지만 사실 우리의 '뇌'는 그 자체엔 딱히 이렇다 할 맛이 없는 두부와 매우 흡사하다. 우리가 느끼는 여러 감정은 우리의 '뇌' 자체에서 비롯되는 것이 아니라 각기 다른 신경전달물질이 뇌세포들 사이에서 주고받는 신호에 의해 결정되기 때문이다. 즉, 신경전달물질은 우리의 대뇌에 '조미료' 같은 역할을 수행해 그 양이 많고 적음에 따라 우리가 느끼는 감정에 영향을 미친다.

좋은 감정을 느끼게 하는 신경전달물질 중에서 가장 대표적인 것이 바로 세로토닌인데, 이는 감정을 조절하고 초조감을 완화하는 역할을 한다. 예컨대 배부를 때 포만감을 느끼는 건 대뇌가 세로토닌을 분비해 만족감을 느끼게 하기 때문이다.

한편 엔도르핀은 통증을 완화해 좋은 감정을 느끼게 한다. 효과는 모르핀과 비슷하지만 100퍼센트 천연이라 부작용이 없다.

노르에피네프린은 우리를 자극하고 흥분시킨다. 적은 양으로도 맛을 끌어올려주지만 지나치면 너무 자극적인 맛을 내는 고추장처럼 뇌신경에 노르에피네프린노르아드레날린이 과다하면 초조함을 야기한다.

물론 도파민도 빼놓을 수 없다! '초콜릿 모카'처럼 흥분과 쾌감을 안겨 생활의 활력을 불어넣어주는 역할을 하는 것이 바로 이 도파민이기 때문이다.

그렇다면 이러한 신경전달물질은 어디에서 생성되는 걸까? 바로 우리의 몸이다. 좀 더 정확히 얘기하자면 우리가 섭취하는 음식이 우리의 체내에서 이러한 신경전달물질로 전환된다. 예컨대 달걀과 치즈에 들어 있는 트립토판은 세로토닌의 원료가 되고, 생선의 기름 속에 포함되어 있는 오메가3는 신경세포 사이의 수초Myelin Sheath, 신경섬유 주위를 초상으로 둘러싸고 있는 일종의 피막으로 절연체 역할을 함를 형성하는 데 도움을 준다.

그러나 평소 균형 잡힌 식습관으로 꼭 필요한 원료들을 공급하는 것만큼이나 중요한 한 가지가 있다. 바로 행동으로 신체를 활성화해 변화를 꾀해야 한다는 사실이다.

기분을 좌우하는 천연조미료

SUNSHINE
햇빛: 세로토닌, 비타민 D

BODY POSTURE
자세: 테스토스테론

COLD BATH
냉수욕: 엔도르핀

MUSIC
음악: 코티솔 분비 감소

EXERCISE
운동: 노르에피네프린, 도파민

그렇다면 어떤 행동들이 좋은 감정을 느끼게 하는 신경전달물질의 생성을 촉진시킬 수 있을까? 연구를 통해 이미 증명된 방법들을 함께 알아보자.

첫 번째 방법은 바로 운동을 하는 것이다. 이는 개인적으로 가장 오래 효과가 지속된다고 생각하는 방법이기도 하다.

적당한 운동은 다양한 신경전달물질을 생성하는 데 도움 된다. 유산소 운동 20분이면 대뇌의 내분비계에 변화를 불러오기에 충분하며, 고강도의 인터벌 운동을 할 경우 노르에피네프린과 도파민의 분비를 촉진할 수 있다. 최신 연구 결과에 따르면 운동 시 대뇌에서 뇌유래신경영양인자, 약칭 BDNFBrain Derivated Neurotrophic Factor가 분비되어 스트레스로 인해 손상된 뇌세포를 회복시키는 것으로 나타났다.

그렇다면 얼마만큼 운동하는 것이 '가장 효과적'일까? 개인의 건강 상태에 따라 달라질 수 있지만 기본적으로 심장박동이 빨라지고 땀이 나도록 20분에서 30분 정도 운동을 해주면 좋다. 이보다 강도가 높은 고강도 인터벌 운동에 도전하거나 30분 이상 운동을 할 경우에는 상쾌한 느낌이 더 강렬해져 '러너스 하이Runner's High, 격렬한 운동 후에 맛보는 쾌감'를 느낄 수도 있다. 그러나 연구 결과에 따르면 몸에 유익하게 작용하는 운동 시간은 하루 최대 90분으로 이를 초과하면 오히려 효과가 감소한다고 하니 이 점은 유의할 필요가 있다.

두 번째 방법은 시간, 장소에 구애받지 않고 실천에 옮길 수 있는 자세 바꾸기다!

안 좋은 일이 생겨 긴장과 공황의 상태에 빠졌다면 먼저 허리를 펴고 바른 자세로 앉아라. 그런 다음 고개를 들고 깊이 호흡하며 마음을 가라앉힌다. 그다음 자신을 불가사리라고 상상하며 기지개를 켜듯 사지와 몸통을 쭉 늘이는 동시에 크게 하품을 하라. 이렇게 자세를 바꾸기 시작하면 단 2분 안에 혈액 속 테스토스테론의 함량이 상승해 더 큰 자제력과 자신감이 생긴다. 한편, 하품을 하는 행동은 신기하게도 코티솔의 수치를 낮춰 스트레스를 감소시킨다.

이는 오랜 연구를 통해 증명된 현상으로 체화된 인지Embodied Cognition라고 부른다. 하버드경영대학원의 교수 에이미 커디는 TED Technology Entertainment Design, 비영리 기술·오락·디자인 강연회로 일종의 재능 기부이자 지식·경험 공유 체계에서 인기를 끌었던 그녀의 강연 중 이렇게 조언했다.

"속여라, 네가 그렇게 될 때까지Fake it, until you become it!"

자신이 드러내고자 하는 자신 있는 자세를 취하다 보면 조금씩 자신이 그리는 모습의 내가 되어갈 수 있다는 뜻이다. 그러니 오늘 잠에서 깨자마자 기운이 빠지는 느낌이 들었다면 기분 전환이 될 만한 옷을 골라 입은 다음 고개를 들고 되도록 큰 보폭으로 걸으며 활기찬 척 집을 나서보라. 그러면 그 속임수가 당신에게 기운을 불어넣어줄 것이다!

세 번째 방법은 자연을 이용한 감정 조절 방법인 햇볕 쬐기다.

햇빛은 우리의 체내에서 비타민 D 합성을 일으키는 동시에 세로토닌의 함량을 높여주니 이만하면 휴가를 보내야 할 정말 좋은 핑계 아닌가?

아이슬란드, 노르웨이, 알래스카 등 위도가 높은 지역에서는 겨울 철이면 우울증 환자가 늘어난다. 그러나 여름이 되면 약을 복용하지 않고도 우울증이 호전되는 경우가 많다. 이는 겨울에 일조시간이 짧 아지기 때문인데, 특히 극지방에서는 겨울이면 거의 해를 볼 수 없 는 데다 밖이 추워 집에 머무는 시간이 길다 보니 답답함과 함께 우 울함을 느끼는 사람이 많아지는 것이다. 이러한 상태를 일컬어 '계 절성 정서장애Seasonal Affective Disorder', 약칭 SAD라고 한다.

예전에 보스턴에 살았을 때 나 역시 매년 겨울이면 기분이 울적해 지곤 했다. 그럴 때면 나는 항상 조금 더 일찍 일어나 햇볕을 쬐는 시 간을 늘리거나, 의식적으로 햇빛이 잘 드는 곳을 찾아갔다. 이와 같 은 맥락으로 북유럽의 많은 가정에서는 풀 스펙트럼 램프로 햇빛을 대신하기도 한다. 풀 스펙트럼 램프는 밝기가 1만 루멘Lumen, 광속의 단 위에 육박하는 램프로 태닝베드에 달린 특수 형광등과 유사하다. 임 상실험 결과에 따르면 계절성 정서장애를 치료하는 데 이러한 광선 치료법을 사용하는 것이 항우울제를 복용하는 것보다 더 효과적이 며 부작용도 없는 것으로 나타났다.

물론 가장 자연적인 방법은 아침에 일어났을 때 먼저 커튼을 열어 따스한 햇살이 실내로 충분히 들어올 수 있게 만드는 것이다. 집의 채광이 별로 좋지 않다면 기상 후 밖으로 나가 30분쯤 산책하는 것 도 좋은 방법이다. 세로토닌은 아침에 많이 분비되는 편이기 때문에 아침 햇볕을 쬐면 그 효과가 배가 된다.

네 번째 방법은 냉수욕을 하는 것이다. 이 방법을 두고 여전히 논란이 많기는 하지만 개인적으로는 꽤 효과적이라고 생각한다.

찬물로 샤워를 하면 확실히 기분 전환 효과를 볼 수 있는데 그 이유로는 다음 몇 가지를 꼽아볼 수 있다. 먼저 찬물이 교감신경계를 자극해 엔도르핀 분비를 촉진할 가능성이 있다. 그리고 피부 표면의 모세혈관이 수축하면서 뇌를 포함한 중심 부위에 더 많은 혈액을 주입하기 때문일 수도 있다. 말초신경의 자극이 신경중추의 흥분 반응을 이끌어내기 때문이라는 설도 있다. 어쨌든 의학계에서는 냉수욕과 항우울 효과의 상관관계를 높이 평가하고 있다.

실제로 농구 스타 코비 브라이언트나 축구 스타 크리스티아누 호날두 등 많은 프로선수가 거액을 들여 한랭요법을 사용하고 있기도 하다. 한랭요법이란 일종의 액화질소 냉각기기에 들어가 영하 100도가 넘는 극한의 공기 속에서 근육을 회복하는 방법인데, 듣기론 2~3분이면 근육 회복은 물론 기분까지 끌어올리는 효과가 있어 구미 지역의 상류사회에서는 스트레스 해소법으로 각광을 받고 있다 한다.

물론 그렇다고 내가 영하 100도가 넘는 기기 속에 들어가는 방법을 추천하는 건 아니다. 게다가 심혈관 질환이 있는 사람이라면 지나친 자극은 금물이므로 절대 무리하지 말아야 한다. 참고로 내가 자주 사용하는 방법을 소개하자면 적당한 온도의 물로 샤워를 시작해 수온을 서서히 낮춰 20도 정도의 온도에서 약 2분간 마무리를 해준다. 이 방법은 특히 여름에 효과가 좋은데, 아침에 운동을 하고 찬물 샤워를 하면 단언컨대 블랙커피 한 잔보다 더 강력한 효과를 볼 수 있다.

다섯 번째 방법은 내가 가장 좋아하는 방법으로, 음악을 듣는 것이다.

과학자들의 말에 따르면 음악을 들을 때 대뇌의 활동이 유독 활발해지는 것을 관찰할 수 있는데, 대뇌의 거의 모든 부분이 활성화되면서 좌뇌와 우뇌를 동시에 사용하게 된다고 한다. 음악 듣기는 가장 빨리 기분을 전환할 수 있는 방법으로, 혈압을 낮춰주고 기억력을 증진시키며 코티솔의 함량까지 낮춰준다.

자, 그럼 지금 바로 연습을 해보자. 방법은 간단하다. 먼저 자신이 좋아하는 음악을 고르는 것이다. 대중음악도 좋고 순수음악도 좋다. 그러나 반드시 자신이 좋아하는 음악이어야 하며 들어서 신나는 곡이 아니라 편안함을 느끼는 곡이어야 한다. 음악을 선택했다면 다른 사람에게 방해를 받지 않는 조용한 장소를 찾아 조도를 낮춘 다음 이어폰을 끼고 한 곡을 처음부터 끝까지 들으면 된다.

음악을 듣는 동안 잠시 눈을 감아 모든 신경이 귀에 집중될 수 있도록 하자. 오로지 음악에만 귀를 기울여 그 음악에 완전히 빠져드는 것이 중요하다. 음악이 끝난 후에는 계속 이어폰을 끼고 있되, 다음 곡을 바로 재생하지 않는다. 그저 가만히 앉아 잔잔한 호흡을 유지하며 음악이 끝난 후의 고요함을 음미하라.

이는 우리의 일상생활 속에서 그리 흔치 않은 경험이 될 것이다. 보통 음악을 듣는다고 하면 여러 곡을 연이어 듣지, 중간에 틈을 주지 않을뿐더러 한 곡을 끝까지 듣는 경우도 드물어 음악이 끝난 후 그 마지막 음이 주는 여운을 느끼지 못하니 말이다. 그래서 어쩌면 노래 한 곡을 다 듣고 난 후 복잡 미묘한 기분에 사로잡힐지도 모른다. 마음이 차분하고 고요해진다면 다행이지만 불현듯 초조함이 밀려올지도 모를 일이다. 그러나 이를 걱정할 필요는 없다. 이는 그저 독소를 배출하는 것과 같은 반응의 일종이기 때문이다. 음악이 끝나고 1분 동안 호흡의 리듬을 회복하여 마음의 평정을 찾는 법을 배워라. 그러면 이를 통해 긍정의 에너지를 얻을 것이다.

이렇듯 부정적인 감정을 이기는 다섯 가지 방법은 결코 어렵지 않다. 유일하게 어려운 점을 찾자면 이러한 행동들을 생활 습관으로, 또 기본 건강 수칙으로 만드는 일이다. 생각해보라. 우리 주변의 얼마나 많은 사람이 당장은 알겠다고 말하지만 정작 행동으로 옮기지 못하는지를 말이다. 부정적인 감정을 극복하려면 우선 술과 담배, 약물 등 일시적 효과를 주는 합성물질을 피해야 한다. 합성물질을 과도하게 사용하면 우리 몸 자체의 신경전달물질이 감소되기 때문이다. 이는 외식을 자주하는 사람일수록 자극적인 입맛을 갖기 쉬운 것과 마찬가지다. 조미료에 길들여지면 식품 자체의 맛에 대한 감각을 잃는다. 그러니 기억하자.

"자연적인 것이 좋다!"

부정적 감정을 이기는 생각

마이크를 앰프에 가까이 가져갔을 때 순간적으로 찢어질 듯 날카로운 소리가 나는 것을 들어본 적 있을 것이다. 이를 되울림Feedback이라고 하는데, 이것이 발생하는 원리는 이렇다. 마이크로 들어온 소리가 PA 시스템에 의해 증폭되면 앰프를 통해 다시 송출되는데 이것이 다시 마이크로 들어가 재증폭되면서 음량지수가 급격히 상승한다. 이때 얼른 마이크를 치우지 않으면 그 찢어질 듯 날카로운 소음이 음향 시스템 전체를 망가뜨릴 수 있다.

이러한 되울림은 마음속의 불안감과 같다.

긴장감이 들 때 긴장하지 말자고 되뇔수록 오히려 더 긴장이 되지 않던가? 거부할수록 거부할 수 없게 되고, 억누르면 다시 되살아나 결국 우리의 머릿속엔 부정적인 목소리만 끊임없이 맴돌며 거의 감정을 통제할 수 없는 상황에 직면한다.

이럴 땐 되울림이 발생했을 때처럼 먼저 마이크를 치워야 한다!

마이크를 치우라는 말은 잠시 주의를 분산시키라는 뜻이다. 심호흡과 스트레칭을 하면서 10에서 1까지 거꾸로 숫자를 세어보라. 수를 셀 때마다 칠판에 숫자를 적었다 지운다고 상상하는 것이다. 또는 '999 곱하기 168은?'과 같이 암산을 해도 좋다. 단, 이때 계산기를 사용해서는 안 된다. 대뇌가 셈을 하느라 바빠 걱정거리를 생각할 시간이 없게 만드는 게 목적이기 때문이다.

마이크를 치워 스트레스를 낮췄다면 부정적인 목소리를 바꿔야 한다. 생각해보라. 우리가 부정적 감정에 빠질 때마다 자신을 탓하는 목소리가 항상 우리 머릿속에 맴돌지 않던가?

'이 바보! 넌 왜 이렇게 멍청하니!'

입을 다물라고 말해도 마음의 소리는 좀처럼 포기하지 않고 더 강하게 우리를 몰아붙인다.

'쓸모없는 녀석! 넌 실패자야!'

그렇다면 이렇게 우리의 머릿속에 맴도는 부정적인 목소리의 주인공은 누구일까?

자세히 들어보라. 어린 시절 들어봤던 누군가의 말투나 목소리와 비슷하지 않은가? 그 목소리 뒤에 숨은 주인은 어쩌면 당신의 삶에서 이미 멀어졌거나, 또 어쩌면 이미 이 세상을 떠난 사람인지도 모른다. 그러나 그가 아주 오래전 당신에게 가했던 언어폭력이 당신의 마음에 상처로 남아 평생 당신을 따라다니는 부정적 목소리의 주인이 되어버렸을 가능성이 크다.

그러니 이제는 그 목소리의 주인을 바꿔보자. 방법은 그리 어렵지 않다. 일단 당신의 인생에서 가장 인자하고 따뜻했던 사람, 당신을 가장 아끼며 무조건적으로 당신을 받아들여주는 사람을 상상해보라. 할머니라든지 은사님, 또는 솔메이트 같은 존재를 말이다.

그런 다음 자신이 가장 좋아하는 그 사람과 같은 공간에 있다고 상상하며 그가 당신에게 따뜻한 미소를 보이고 있는 모습을 그려보라. 이제 당신이 느끼는 억울함을 그에게 하소연할 차례다. 그럼 그가 따뜻한 목소리로 당신을 위로하며 이렇게 말할 것이다.

"넌 좋은 사람이야. 착하고, 심지가 강한 그런 사람. 넌 이미 최선을 다했으니 그건 네 잘못이 아니야."

어쩌면 이 순간 당신은 울고 싶어질지도 모른다. 그러나 그래도 괜찮다. 울고 싶다면 마음껏 울어라. 그렇게 부정적 에너지를 방출해내면 된다. 마음에 남는 것 없이 쏟아내야 진정으로 치유될 수 있다.

이러한 '자기 연민Self-compassion'은 현실 도피가 아니라 대뇌의 부정적 시스템을 조정하는 매우 중요한 치유법이다. 상상력을 통해 자신을 안전한 곳에 데려다 놓고, 혹평을 퍼붓던 부정적 목소리를 인자하고 따뜻한 포용의 목소리로 바꾸는 과정인 셈이다. 심리학자 크리스틴 네프의 연구 결과에 따르면 좌절, 불안, 고통과 직면했을 때 비판 대신 인자한 태도를 취하는 자기 연민의 소통방식을 사용하자 몸과 마음 모두 양호한 상태가 되었다고 한다.

한편 심리학자 이선 크로스는 연구 결과를 통해 자신과의 대화에서 어떤 시점을 사용하느냐에 따라 기분이 달라진다는 사실을 입증해 보였다. 예컨대 1인칭의 시점을 사용해 "난 반드시 이 도전을 이겨내고 말 거야!"라고 말할 때에는 좀 더 감정적이 된 반면, 2인칭의 시점으로 자신의 이름을 넣어 "류쉬안, 넌 꼭 이 도전을 이겨내야해!"라고 말할 때에는 마음속의 자아와 감정을 분리시켜 냉정한 사고를 하는 데 도움을 주었다.

우리는 항상 1인칭의 시점으로 자신을 슬프게 만드는 이야기를 한다. 그러나 이 목소리의 근원과 자신을 부르는 방법을 바꾸면 여러 감정의 변화를 불러일으킬 수 있다. 당신의 이름을 사용해 당신을 너그럽고 힘 있는 트레이너로 변신시킨 다음, 당신이 가장 사랑하는 목소리로 당신 자신에게 말해보라.

"OO, 넌 할 수 있어! 충분히 버틸 수 있어!"

그러면 이 목소리가 당신의 마음을 보듬고 더 나아가 당신에게 힘을 줄 것이다.

리사 M. 헤이스는 이렇게 말했다.

"자기에게 하는 말을 조심하라. 당신 자신이 듣고 있으니 말이다."

걱정의 원인이 방황하는 삶을 살며 좀처럼 결정을 내리지 못하는 자신에게 있다면 또 다른 방법을 추천한다. 바로 '등산의 원칙'을 기억하는 것이다. 산속에 있는데 날이 어두워지기 시작했다면 당신은 어떻게 하겠는가? 아마 고민할 것도 없이 안전하게 하산할 방법을 찾으며 발길을 재촉할 것이다. 시간은 멈춰 서서 당신을 기다려주지 않기 때문이다.

일상생활에서 문제가 발생했을 때에도 마찬가지다. 문제를 해결할 방법을 생각하면서 몸을 움직여야 새로운 깨달음을 얻을 수 있다. 계속 결정을 내리지 못하고 미루기만 한다면 우리의 두뇌는 그저 여러 가상假想 사이를 공전하며 에너지를 낭비할 수밖에 없다. 그러니 사람들의 고민은 대개 행동할 것이냐 말 것이냐, 방황하는 가운데서 비롯된다는 사실을 잊지 말자.

어느 통계에 따르면 예전에 걱정했던 일을 돌이켜보고 그 결과를 평가해보라는 질문에 평균 85퍼센트의 응답자가 '그저 그랬음' 또는 '좋았음'이라고 답했다. 다시 말해서 우리가 걱정한 결과가 그리 나쁘지만은 않았다는 뜻이다. 따라서 걱정과 망설임에 너무 많은 시간을 쏟는 것은 결코 효율적인 행동이 아니다. 이미 눈치챘을지도 모르지만, 일단 움직이기 시작하면 걱정은 줄어들고 활력이 생겨난다. 그리고 이때 자연스레 새로운 길이 열린다.

더 많은 시간은 필요 없다.
당신은 그저 결정을 내리기만 하면 된다!

_ 세스 고딘

부정적 감정을 이기는 습관

저명한 건축가이자 설계학자인 크리스토퍼 알렉산더의 저서 《패턴 랭귀지》에 다음과 같은 질문이 있다.

'오늘 새로운 캠퍼스를 구획해야 하는데, 캠퍼스에 여러 개의 건물이 있다고 가정하면 어떻게 인도를 설계할지는 매우 복잡한 문제다. 길을 너무 많이 내면 캠퍼스 내에 녹지 면적이 줄어들고, 그렇다고 너무 적게 내면 등하교를 하는 학생들 그리고 교직원들에게 불편을 초래하기 때문이다. 이럴 때에는 어떻게 해야 할까?'

이에 알렉산더가 스스로 내놓은 방법은 이랬다. 일단 잔디밭을 깔고 학생, 교직원 들이 자유롭게 출입할 수 있도록 한 다음, 그들이 잔디밭에 남긴 경로를 따라 필요한 곳에 인도를 까는 것이다. 이는 매우 훌륭한 방법이었다. 실사용자의 행위가 최후의 설계를 결정함으로써 설계자는 시간과 힘을 절약하면서 실제 사용 현황에 맞는 길을

낼 수 있었기 때문이다.

흥미로운 점은 우리의 대뇌 역시 이와 같은 방법으로 우리를 설계한다는 사실이다. 2세 때 우리의 뇌세포 사이에는 1백조 개에 육박하는 연결고리가 존재하지만 성인이 되면 그 수가 절반으로 줄어든다. 불필요한 연결고리를 도태시키기는 동시에 자주 사용하는 연결고리를 강화해 사고와 반응 체계를 좀 더 효율적으로 만들기 때문이다.

학습 경험을 통한 습관성 사고가 관련 연결고리를 강화하고, 이러한 작업이 장기적으로 이뤄지면서 우리의 대뇌 형성에 영향을 미친다. 다시 말해서 우리의 생각 소프트웨어가 생각 하드웨어를 바꿀 수 있다는 의미인데, 이러한 특징을 '신경가소성Neuroplasticity'이라고 한다. 성장기가 지나도 대뇌는 환경과 후천적인 학습에 의해 변화할 수 있다. 예를 들어 뇌에 손상을 입었을 경우, 후속 학습을 통해 다른 부위로 손상 부위를 대체해 기존의 기능을 회복할 수 있었다. 최신 연구 결과에 따르면 나이에 상관없이 노년에도 뇌의 가소성이 유효하다고 한다.

요컨대 자신을 바꾸기에 늦은 시기란 없으며, 나이는 그 핑계가 될 수 없다!

부정적 사고를 이기는 행동으로 기분을 전환해도 좋고, 부정적 사고를 이기는 심리요법으로 부정적 사고회로에서 벗어나도 좋다. 그러나 정말로 영구적인 변화를 원한다면 좋은 습관을 길러야 한다.

명상하기

명상Mindful Meditation은 스트레스를 해소하고, 경도의 우울을 완화해 정신 건강을 촉진하며, 수면의 질을 개선하는 것 외에도 집중력과 자각 능력을 높이는 데 효과가 있다. 본래 명상은 종교적 목적으로 행해졌지만 최근에는 마음의 평화와 안정, 몸의 건강 등을 찾아주는 정신수련법으로 주목받고 있다.

명상의 효과는 이미 여러 연구 결과를 통해 입증되었다. 예컨대 미국 매사추세츠 병원에서 사람들에게 매일 27분씩, 8주 동안 명상하도록 한 후, 뇌를 스캔한 결과 이들의 대뇌에서 분명한 변화를 관찰할 수 있었다. 기억력에 중요한 역할을 하는 해마의 밀도가 증가하고, 부정적 감정을 유발하는 편도체의 밀도가 감소한 것이다. 한편 예일대학교는 명상 시 허튼 생각을 유발하는 신호가 약화된다는 사실을 밝혀냈으며, 존스홉킨스대학교는 연구를 통해 명상이 우울하고 초조한 감정을 이겨내는 데 미치는 효과의 크기가 0.3임을 규명하기도 했다. 언뜻 보기에는 그리 높은 수치 같지 않지만, 항우울제의 효과도 좋아봐야 0.3 정도임을 감안하면 꽤 효과적인 방법이 아닐 수 없다!

명상하는 방법은 어렵지 않다. 어려운 점이 있다면 매일 시간을 내서 꾸준히 연습해야 한다는 것이다. 이제 명상 초급자에게 적합한 실천 방법을 알아보자.

① 양반다리를 할 필요는 없으니 앉든 눕든 자신이 편안한 자세를 취한다.

② 눈을 감고 온몸의 힘을 뺀 뒤 자연스럽게 호흡한다.

③ 숨을 들이쉬고 내쉬는 동작에 정신을 집중한다. 호흡하면서 자신의 가슴, 어깨, 늑골, 복부 등 신체 각 부위의 움직임을 느낀다.

④ 호흡에 집중하되 일부러 호흡의 속도나 강도를 제어하지 않는다. 주의가 산만해졌다면 다시 호흡에 포커스를 맞춘다.

⑤ 처음엔 2~3분 정도로 시작해 조금씩 시간을 늘려간다.

요즘은 명상 연습을 도와주는 앱도 많이 나와 있으니 이를 활용하는 것도 한 방법이다.

감사 일기

내가 추천하는 또 다른 습관은 바로 감사 일기 쓰기다. 이 역시 방법은 아주 간단하다.

① 수첩 하나를 구매해 침대 옆에 둔다.
② 잠자기 전에 그날 있었던 일을 되돌아보고 순조로웠던 일이나 의외로 기뻤던 일이 뭐가 있었는지, 고마웠던 사람이나 사건은 없었는지를 생각해본다. 아무리 사소하고 추상적인 일일지라도 감사할 만한 일이라고 생각된다면 이를 기록한다. 자신이 볼 것이므로 기록은 간단하게 남겨도 충분하다.
③ 수면을 취한다.

연구 결과에 따르면 이를 일주일만 지속해도 기분이 좋아지고, 우울감이 줄어들며 그 효과가 반년 이상 지속된다고 한다. 이는 테스트를 거친 모든 셀프 테라피Self-therapy 중 가장 간단하고도 효과적인 방법이었다.

왜 이 방법이 이렇게 효과적인지는 아직 학자들도 정확한 이유를 모른다. 그러나 묘하게 좋은 방법인 것만은 확실하다. 이에 내가 세운 가설은 다음과 같다. 우리의 대뇌는 긍정적인 경험보다 부정적인 경험을 더 잘 기억하는 경향이 있다. 그런데 그날의 좋았던 일을 되짚어보는 행동이 다시 한 번 기억을 상기시키는 효과로 이어지고, 이러한 상황이 반복되면서 긍정적인 생각들의 연결고리가 단단해져 일상생활의 아름다움에 좀 더 주목하게 되면서 자연스레 기분이 좋아지는 것이다.

2017년 1월 1일, 나는 작은 실험을 해보기로 했다. 페이스북에 100일 동안 매일 감사의 글과 사진을 포스팅해 이를 철저히 습관화하는 동시에 팔로워들의 자유로운 참여를 독려하는 것이었다. 별다른 보상 없이 순전히 자기 자신을 위해서 말이다.

> 감사할 줄 아는 마음은 미덕 중의 미덕이요,
> 다른 모든 미덕의 근본이다.
> _ 키케로

100일은 길다고 말하기엔 뭐하고, 짧다고 말하기엔 애매한 시간이다. 1년의 1/3이 채 안 되지만 계절의 변화를 느끼기엔 충분한 시간이기 때문이다. 나는 니트 스웨터를 입고 시작해 티셔츠로 갈아입을 때까지, 다시 말해서 겨울부터 봄까지 하루도 빠짐없이 이 실험에 임했다. 그러자 신기하게도 영화 〈포레스트 검프〉 속에서 조깅을 하던 검프처럼 이 도전에 함께하는 친구들이 점점 많아졌다. 지금은 '#100일감사계획'이라는 해시태그를 검색하기만 하면 세계 각지에서 보내온 기록들을 찾을 수 있다. 게다가 아직도 많은 친구가 이 도전을 이어가는 중이다.

그렇다면 100일 후 나는 1월 1일의 나보다 더 즐거워졌을까?

솔직하게 말하면 뚜렷한 차이가 있는지는 잘 모르겠다.

그러나 감사 일기 쓰기가 전혀 쓸모없었다는 뜻은 아니다. 그저 효과가 내재화되었다는 의미다! 특히 우리 모두에게 있을 수 있는 날, 즉 이상하게 뭘 해도 일이 안 풀리고 재수가 없어도 이렇게 없을까 싶은 바로 그런 날에도 잠들기 전 감사의 글과 사진을 포스팅하고 나면 마음 가득 쌓아두었던 불만이 어느새 해소되는 느낌이다. 감사 일기 쓰기가 나의 그 많은 엉망진창인 하루의 가장 기분 좋은 반전이 되어주고 있는 것이다.

개인적 느낌을 이야기하자면 감사 일기 쓰기는 만병통치약이라기보다는 오히려 삶의 울퉁불퉁한 부분을 메워 평탄한 길을 만들어주는 아스팔트에 가까웠다.

한 독자가 개인적으로 내게 이런 이야기를 했던 적이 있다. 감사 일기를 쓴 지 60여 일이 되었을 때 아주 큰 충격을 받아 잠시 인생이 어둠의 나락으로 떨어진 것 같은 때가 있었다고 말이다. 그러나 그녀는 벌써 도전의 2/3를 완수했으니 적어도 100일은 채우자고 다짐했다고 한다. 그런데 일기 쓰기를 중단하지 않기 위해 매일 억지로 감사할 만한 일을 찾았더니 생각했던 것보다 훨씬 빨리 슬럼프에서 벗어날 수 있었다며 자신조차 믿기지 않았다고 특별히 내게 감사 편지를 보낸 것이다. 그리고 그녀가 감사 편지를 보낸 사실은 그날 밤 나의 감사 일기에 기록되었다.

또 다른 네티즌은 자신의 심경의 변화를 이렇게 묘사했다.

'사실 즐겁지 않은 일은 매일 있었지만 이를 바라보는 시각이 달라지더라구요. 알고 보니 그동안엔 내가 나를 즐겁지 않게 만들고 있었던 거죠. 하지만 성실하게 자신과 마주하면서 자신의 감정은 스스로 책임져야 한다는 사실을 깨달았어요. 그런 의미에서 달라지길 원했고, 또 그 마음을 꾸준히 실천으로 옮긴 저에게 감사해요!'

이 얼마나 감동적인가! 사람들은 누구나 자신의 감정에 책임을 져야 한다. 그러나 결국 우리를 돕는 것은 자기 자신이다! 삶이 즐거워지는 데에는 심오한 이치가 필요하지 않다. 그저 습관을 기르는 것부터 시작하면 된다. 별 볼 일 없어 보이는 작은 습관을 통해 우리는 우리 마음 깊숙이 뿌리내리고 있는 부정적 태도를 바로잡을 수 있다.

나중에 커서 무엇이 되고 싶으냐는 질문에
나는 '행복'이라고 썼다.
그러자 사람들은 내가 질문을 잘못 이해하고 있다 말했고,
나는 그런 그들에게
당신들이 인생을 이해하지 못하고 있는 거라고 되받아쳤다.

_존 레논

사람들이 내게 묻는다.

"저는 행복하지 않은데 그 이유를 모르겠어요. 이것도 병일까요?"

"저는 왜 이렇게 쉽게 불행하다는 생각을 하는 걸까요?"

그런데 사람은 누구나 그러하다. 누구나 부정적인 감정에 휩싸이고, 그런 자신을 탓한다. 하지만 나는 안다. 우리에게는 놀라운 의지가, 부정적인 감정에서 벗어날 능력이 있다는 사실을 말이다.

잊지 말라. 지금의 감정은 반드시 지나간다. 앞으로의 날들을 행복하게 만드는 일은 영원히 우리 자신의 몫이다. 부정적인 감정이 자신을 포위했다고 느껴질 때에는 먼저 심호흡을 하라. 그리고 스트레칭을 하거나 가벼운 산책을 하는 등 운동을 해라. 그리고 집에 돌아온 후에는 냉수욕 등 샤워를 하고 친한 친구에게 전화를 걸어라. 그런 다음 가장 보기 좋은 옷으로 갈아입고 친구를 만나 그와 함께 당신이 좋아하는 식당이나 커피숍에 가서 수다를 떨자.

외출 시에는 차를 기다리는 시간을 이용해 어렸을 적 당신을 가장 아껴주었던 사람을 떠올려보자. 그가 어떠한 일 때문에 지금 당신이 고민하고 있다는 사실을 안다면 분명 그는 당신을 응원하며 이렇게 말할 것이다.

"다들 여전히 널 사랑하고 있어!"

차가 친구와의 약속 장소에 도착하기 전, 살포시 눈을 감고 혼자만의 시간을 갖는 것도 좋다. 친구를 만난 후에는 성급하게 불만을 늘어놓기보다 이런 말로 기분을 전환해보라.

"갑자기 불러냈는데 나와줘서 고마워! 네 목소리 들으니까 진짜 기분 좋다."

그런 다음 함께 메뉴를 펼쳐 좋아하는 음식을 시키고, 맛있는 음식과 좋은 이야기와 우정으로 생활 속에서 느꼈던 쓴맛을 단맛으로 바꿔라.

다른 사람에게 도움을 요청하는 일을 두려워하거나 창피해하지 말라. 친구가 도움을 줄 수 없다면 전문 심리 상담사를 찾아가라. 이 세상에는 부정적인 감정을 극복하는 수만 가지의 방법이 존재한다. 지금 내가 언급한 방법은 가장 기본적인 정신 건강 체조이니, 이 방법을 잘 익혀 당신의 '마음 공구함'에 넣어두고 수시로 사용하라. 단언컨대 쓰면 쓸수록 효과가 좋아질 것이다.

마지막으로 이 사실을 기억하라.

당신의 생각은 당신의 대뇌를 바꿔놓을 수 있다!

부정적 감정을 극복하는 법

부정적 감정은 원시적인 생존 본능에서 비롯된다. 그러나 현대생활에서는 가상의 적이 된 지 오래다. 부정적 감정을 극복하려면 먼저 자신의 부정적 감정을 직시하고 생리적·심리적 요인들을 모두 관리해주어야 한다!

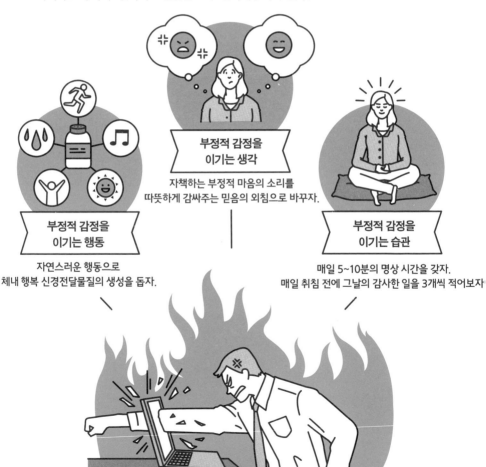

부정적 감정을 이기는 생각

자책하는 부정적 마음의 소리를 따뜻하게 감싸주는 믿음의 외침으로 바꾸자.

부정적 감정을 이기는 행동

자연스러운 행동으로 체내 행복 신경전달물질의 생성을 돕자.

부정적 감정을 이기는 습관

매일 5~10분의 명상 시간을 갖자. 매일 취침 전에 그날의 감사한 일을 3개씩 적어보자

note

Epilogue

심리학자들은 '후회'를 두 가지 카테고리로 나눈다. 바로 '어떤 일을 한 것에 대한 후회'와 '어떤 일을 하지 않은 것에 대한 후회'다.

학자들에 따르면 사람은 1주 전과 같이 비교적 가까운 과거를 회상할 때 '어떤 일을 하지 않은 것에 대한 후회'보다 '어떤 일을 한 것에 대한 후회'를 더 많이 한다. 그러나 5년, 10년, 심지어 반평생 이전의 과거를 회상할 때에는 '어떤 일을 하지 않은 것에 대한 후회'가 '어떤 일을 한 것에 대한 후회'를 압도한다.

즉, 장기적으로 봤을 땐 거의 대부분의 사람이 자신이 하지 못했던 일을 후회한다는 뜻이다.

그러니 때를 기다려 뭔가를 이루려 하지 말고 꿈이 있다면 지금 바로 그 꿈을 향해 달려가라! 무슨 일이든 시작하려면 첫발을 내디뎌야 한다. 자기효능감을 잃지 말고 자신의 장점을 계발하라. 또한 배움을 두려워하지 말고, 자신의 인생을 최적화하는 일에 기꺼이 자기 자신을 실험 대상으로 삼으며, 용감하게 현실에 도전하라.

《톰 소여의 모험》을 쓴 미국의 대문호 마크 트웨인의 말처럼 도전은 삶에 재미를 더하지만, 도전을 극복하면 삶이 의미 있어진다.

어차피 인생은 한 번뿐이다. 그렇기에 우리는 더더욱 이 기회를 놓쳐서는 안 된다. 심리적 안전지대를 벗어나 인생의 다채로움을 즐기며 미래를 향해 나아가라. 그래야 먼 훗날 대부분의 사람이 하는 후회를 하지 않을 수 있다!

심리학이 이렇게 쓸모 있을 줄이야

초판 1쇄 발행 | 2018년 9월 10일
초판 18쇄 발행 | 2022년 4월 11일

지은이 | 류쉬안 **옮긴이** | 원녕경 **펴낸이** | 전영화 **펴낸곳** | 다연
주소 | (10550) 경기도 고양시 덕양구 삼원로 73 한일윈스타 1422호
전화 | 070-8700-8767 **팩스** | (031) 814-8769 **이메일** | dayeonbook@naver.com
본문 | 미토스 **표지** | 김윤남

ⓒ 다연

ISBN 979-11-87962-54-0 (03320)

이 도서의 국립중앙도서관 출판예정도서목록(CIP)은 서지정보유통지원시스템 홈페이지(http://seoji.nl.go.kr)와
국가자료공동목록시스템(http://www.nl.go.kr/kolisnet)에서 이용하실 수 있습니다.
(CIP제어번호 : CIP2018025041)